prometeo
libros

prometeo libros

INFORMACIÓN AMBIENTAL DE LA CUENCA DEL RÍO LUJÁN

Cristina Teresa Carballo
(Editora)

INFORMACIÓN AMBIENTAL
DE LA CUENCA DEL RÍO LUJÁN

Aportes para la gestión integral del agua

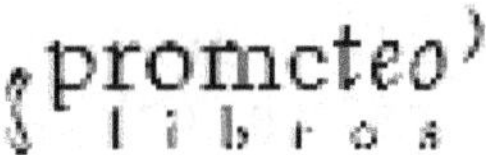

Cristina Teresa Carballo (Editora)

Índice general

Presentación.
Agua para todos

¿Qué pueden tener en común un geólogo, un demógrafo social, un/a biólogo/a, una geógrafa, un/a informador/a ambiental? Sin duda, los convoca la misma preocupación científica y social por el acceso al agua y a las condiciones propicias para la salud de la comunidad, desde la equidad ambiental. Como veremos, el río es sólo una parte visible, es la punta del *iceberg* de la apropiación del recurso agua. En la cuenca, los usos actuales del suelo y del agua se superponen sin una adecuada ordenación ambiental, y ponen en riesgo no sólo al agua superficial, (tanto para las generaciones presentes como futuras), sino que exponen al deterioro el agua que obtenemos a través de sus acuíferos. El agua pareciera ser, al imaginario colectivo o para algunos actores, un recurso infinito e inmutable. No obstante, los problemas actuales ponen en discusión el famoso concepto tradicional de *recurso renovable*. Renovable, sí, ¿pero hasta cuándo?

Hasta hace poco tiempo, los estudios de los límites ecológicos del crecimiento hacían hincapié, exclusivamente, en los límites físicos de los recursos. El camino recorrido nos ha demostrado que son todavía más imperiosos los límites que nos imponen los residuos que producimos, provocados por los estilos de desarrollo y consumo vigentes. El uso del agua ha aumentado más del doble de rápido que el crecimiento de la población, a lo largo del último siglo (FAO). El reto por una gestión y un manejo sustentable (o sostenible) de la cuenca es un imperativo social inminente. Afortunadamente, la población es cada vez más consciente de que sin los recursos básicos no hay posibilidad ni de actividad productiva, ni de una mejora en la calidad de vida. La principal problemática ambiental de la cuenca aún no se ha resuelto satisfactoriamente: se trata de la necesidad de afrontar acciones para un manejo integrado que involucre la esfera política, pública, privada como productiva. No es casual que el tema *agua potable* sea un tema de la agenda mundial, e intervengan en su análisis organismos internacionales. Pero el otro gran conflicto es la apropiación del agua y el acceso desigual al recurso. Según algunas fuentes, el consumo doméstico anual de litros de agua por persona en Argentina es de 182.500, superando a Estados Unidos que consume 110.000 litros, o a Canadá con 93.000. Del otro lado del mundo, en la India, se consumen 9.000, mientras que en Argelia se calcula en unos 35.000 litros por persona. Estos indicadores nos sirven como herramienta para visualizar, en la escala nacional, (y de las sociedades más desarrolladas económicamente) el despilfarro del recurso. Despilfarro que nos impone una primera reflexión crítica: ¿todos los argentinos consumimos esa cantidad de agua al año? La respuesta es no. Sin duda, el acceso al recurso agua potable es diferenciado. El incremento de la pobreza urbana y la vulnerabilidad ambiental perjudican ampliamente la salud de la población. La brecha social es cada vez más profunda cuando analizamos territorialmente esta capacidad de consumo y acceso al agua potable.

En América Latina, el 71% del agua se utiliza para riego, dado que es una de las actividades más extendidas en la región. Los alimentos y el agua están indisolublemente ligados. La tecnología intensiva de la revolución agrícola y las nuevas formas productivas en el mundo y en la región pampeana han tenido profundas repercusiones en las reservas de agua. Por otro lado, la urbanización y las industrias son hechos sociales de apropiación de las aguas bien diferenciados, que impactan también en la cuenca del río Luján. Junto con el uso intensivo de algunas actividades productivas o usos urbanos, se nos presenta un escenario incierto. Incluso, el cambio de las pautas climáticas puede agudizar la problemática del acceso al agua. ¿Quiénes son los principales perjudicados? La población más vulnerable, la que no puede comprar el agua embotellad, la que sólo puede hacer su casa bajo la cota de inundación o en proximidades de un arroyo altamente contaminado. El objetivo de este libro ha sido repensar el agua de la cuenca como un tema clave para nuestra sociedad, en este conflictivo siglo XXI.

La cuenca, ya sea en forma independiente o interconectada con otras, es reconocida como la unidad territorial más adecuada para la gestión integrada de los recursos hídricos. Las aguas superficiales y subterráneas, así como las cuencas de captación, las zonas de recargas, los puntos de extracción del agua, las obras hidráulicas y los puntos de salida de aguas servidas, forman, con relación a una cuenca, un sistema integrado e interconectado. No hay escapatoria. Entonces, tanto las características físicas del agua, como su valoración social y apropiación, conforman un eslabonamiento de los procesos físicos y sociales entre usos y usuarios. Se genera entre ellos una alta interrelación e interdependencia, que incorporan a las externalidades o efectos no previstos de la actividad humana sobre el recurso cuenca.

Cada una de las miradas científicas que hoy nos convoca tiene como eje la formulación de indicadores y la producción de información ambiental. Así, contribuyen a una lectura compleja de las condiciones ambientales en la cuenca. Son trabajos que tienden a poner en discusión el uso social del agua y provocar la atención política no sólo sobre la posición crítica que hoy tiene el río Luján, sino sobre su forma más compleja: la cuenca hidrográfica. La historia ambiental de las otras dos cuencas cercanas, como la del Reconquista y la del Matanza-Riachuelo, son claras evidencias de lo que no se debe hacer. Lo primero que deberíamos tener en cuenta es no caer en la *naturalización* de los problemas ambientales de la cuenca; ni caer tanto en la indiferencia científica como en la política. Para sostener ambientalmente el recurso y las condiciones de acceso al agua, se debe actuar ahora. Después, es siempre tarde, y la remediación ambiental es, generalmente, lenta como costosa para la sociedad. Cada capítulo representa un aporte a esta complejidad ambiental. Cada autor o autores exponen y comunican los resultados de sus investigaciones; ya sean científicos experimentados, como investigadores en formación, provenientes de diversos campos científicos.

Es por ello que en esta obra encontraremos abordajes conceptuales a diferentes problemáticas ambientales; y también un mosaico heterogéneo de escalas de análisis espacial, sustentado en criterios teóricos y empíricos. Esta heterogeneidad es impostergable si atendemos a la propia dinámica de los problemas ambientales. Problemas que exigen una adecuación metodológica, tanto para la selección de las variables de estudio como en el diseño de los indicadores; tanto para la selección de las técnicas y fuentes como para la definición instrumental del recorte espacial y territorial de análisis.

Podríamos decir que la obra está organizada en cuatro partes. La primera parte intenta dar un marco conceptual a la discusión del porqué de los indicadores ambientales y de la necesidad de la información ambiental. En el capítulo I se desarrollan las coordenadas conceptuales básicas que nos permiten abordar con mejores herramientas los casos de estudio, el tipo de información y las perspectivas analíticas e interpretativas del tema ambiental.

Una segunda parte estaría compuesta por el capítulo II. En él se desarrolla en forma compleja, para la escala de la cuenca, el comportamiento demográfico y la pobreza entre 1980-1991. El principal aporte es la selección de variables y la formulación de indicadores para la interpretación espacial de la pobreza en la cuenca, que identifica tres tipologías para dos subregiones bien marcadas. La cuenca, en definitiva, es un sistema complejo y abierto, pero con apropiaciones y valorizaciones diferenciadas de los recursos, y esto se refleja en el comportamiento demográfico y social. En el capítulo III se aborda una problemática asociada al capítulo anterior, pero en otra escala, y se profundiza en las condiciones del hábitat y la morbilidad para el caso de la ciudad de Luján. En otra escala de análisis, se propone una metodología que involucra diversos indicadores de salud y de condiciones del hábitat, para desarrollar un sistema de información geográfico (SIG). Este desarrollo metodológico, a partir del análisis espacial desde los SIG, impone la discusión sobre cuál es pobreza de la que hablamos, quiénes son, dónde están, y cuáles son los aspectos críticos en salud.

Una tercera parte, de impronta científica bien especializada, con atención en la cuenca y en el río Luján, se ofrece en los capítulos siguientes. El capítulo IV desarrolla saberes del medio físico, organizados a partir del desarrollo de elementos hidrológicos y geológicos, que son importantes insumos para la comprensión del comportamiento de la cuenca como un único sistema. Para ello, toma diversas variables que hacen al análisis físico y dinámico de los acuíferos, como el proceso de conformación del curso, para llegar al presente. A continuación, el capítulo V presenta aportes metodológicos y empíricos de la calidad del agua, tomando como objeto de análisis el río Luján. El capítulo VI profundiza en los productores primarios, componentes indispensables que actúan como indicadores de las condiciones ambientales del río.

Finalmente, en la última parte se orienta la mirada hacia la función ambiental de las áreas protegidas de la cuenca. El capítulo VII toma el caso de la reserva urbana denominada Quinta Cigordia, en la ciudad de Luján. Este trabajo se integró a un estudio más amplio, el cual aportó, desde el análisis de la fotografía aérea, un relevamiento y sistematización de la información para un diagnóstico ambiental sobre el potencial del área. El capítulo VIII, a modo de síntesis, reflexiona sobre la revalorización de las áreas protegidas no desde una visión conservacionista o fragmentada, sino como una articulación necesaria entre sociedad, territorio y oferta natural, en la escala de la cuenca. Esta propuesta de información ambiental enfatiza, desde la Educación Ambiental, el papel protagónico de las diversas áreas protegidas de la cuenca, para la construcción de la memoria y la concientización de los valores ambientales en su población.

Para finalizar, los artículos que conforman la obra son el resultado de investigaciones de diferentes áreas institucionales, que se llevan a cabo en la Universidad Nacional de Luján, y que han conseguido asociarse con el objeto de aportar una mirada sobre lo que acontece en la cuenca. El proyecto "TIC´s y propuesta para un modelo participativo en educación para la sostenibilidad ambiental de la Cuenca del Río Luján" y el Centro de Información Ambiental de la Cuenca del Río Luján (CIACLu), han puesto en marcha esta obra, que lejos de agotar la temática, tan sólo intentan, aportar información científica sobre la complejidad ambiental de la cuenca. Dicha obra se enmarca en el Grupo de Estudios Geográfico de la Cuenca del Río Luján (GECLU) del Programa de Estudios Geográficos (PROEG), radicado en el Departamento de Ciencias Sociales, el cual ha financiado en parte la edición del libro, junto con el apoyo de la Secretaría de Políticas Universitarias del Ministerio de Educación (PPUA 05-05-236 y PPUA 04-01-009).

El libro intenta contribuir con información sobre la cuenca, y ofrecer una herramienta de utilidad social, con aportes técnicos y conceptuales desde posibles abordajes científicos. Es a través de este tipo de propuestas que *cruzamos* el río, y ponemos al alcance del lector diversas perspectivas que discuten el manejo del agua desde la complejidad de la problemática ambiental.

Dra. Cristina T. Carballo
Buenos Aires, septiembre de 2009

Capítulo I
Sociedad, indicadores e información ambiental: aportes conceptuales

María Rosa Batalla y Cristina Teresa Carballo

1. Introducción. Cruzando el río...

La preocupación por los problemas ambientales, el interés por saber cómo funcionan los ecosistemas, el cuidado de los recursos hídricos, el compromiso con los residuos que generamos, y la gravedad de los impactos ambientales que la actividad humana produce sobre el medio no siempre fueron temas que desvelaron a la sociedad.

Hasta hace poco tiempo, la humanidad creyó que los bienes de la naturaleza eran inagotables, que no había necesidad de preservarlos o de usarlos con una racionalidad sostenible, y ni siquiera se pensaba en la necesidad de crear normas e instituciones para su resguardo. De la mano del progreso y del desarrollo económico, esta manera de relacionarnos con el ambiente ha ido cambiando sustancialmente. En este sentido, la economía ecológica define al planeta como un sistema abierto, sujeto a la entrada de energía solar que actúa a través de la fotosíntesis de las plantas, proporcionando el primer paso de flujo de energía y materia al complejo eslabonamiento de la cadena alimentaria y de la vida, tal como la conocemos hoy. También, nos han demostrado que las dos primeras leyes de la termodinámica son parte indiscutible del sistema planetario y del uso social de los recursos. Han puesto sobre la mesa la problemática de la asimilación de los residuos y la transformación de la energía y de la materia. Esta primera ley interpreta con agudeza que los procesos de producción y consumo siempre terminan en algún ecosistema, y que sus derivados no se destruyen ni desaparecen, se transforman. La cuenca del río Luján, como todo otro ambiente, no escapa de los procesos de producción o consumo. Por ello, consideramos que la cuenca hidrográfica debe analizarse desde tres aspectos: como asimiladora de desechos, en tanto proveedora de recursos naturales, y como proveedora de bienes y servicios ambientales. El problema de los desechos o de las externalidades negativas de los procesos sociales, como productivos, no es menor en la cuenca. Parte visible de estos flujos es la contaminación del río Luján, que se puede observar a simple vista. Esto lleva, a nuestro entender, a un punto crítico de la cuenca del río Luján: la reducción del servicio y de la cantidad del recurso agua como bien ambiental disponible. Esto nos lleva a la segunda ley de la termodinámica, la Ley de entropía, entendida como una medida de desorden provocado por las externalidades en los ecosistemas, en materia o energía. En nuestro caso, conducen al desequilibrio de la cuenca, que no sólo pone en riesgo a sus aguas superficiales, sino también a sus aguas subterráneas.

Hoy, con bases científicas y con años de estudio y seguimiento, estamos en condiciones de afirmar que no existe actividad alguna que la sociedad realice sobre el medio ambiente, que de una u otra manera no impacte sobre él. La ingeniería, la bioquímica, la geología, las ciencias de la atmósfera, el derecho, la economía, y todas las ciencias ambientales recientemente reconocidas, están a disposición de la sociedad actual para minimizar esos efectos. En su mayoría son predecibles y evitables. Pero para ello, hay que tener en cuenta que la naturaleza, más tarde o más temprano, nos cobrará el daño que le ocasionamos. No distingue fronteras territoriales ni temporales. El daño que se ocasiona aguas arriba de un río, por ejemplo, en algún momento (presente o futuro) lo sufrirán, miles de kilómetros más abajo, los habitantes de otros países inclusive.

Indudablemente, los cambios culturales y la imposición de los temas ambientales en la sociedad han traído aparejados cambios culturales notables que ha tenido la población. Estos cambios se relacionan con el amplio crecimiento que ha tenido el campo del saber ambiental. ¿Cómo se ha ido construyendo ese conocimiento científico ambiental? Aún en sus construcciones teóricas y conceptuales más abstractas, está vinculado con la solución práctica de problemas y con la elaboración de nuevas políticas y estrategias de desarrollo. Es decir, ha dado el fundamento para la mayoría de los cambios percibidos en la sociedad, en lo referente a la incorporación de lo ambiental en la cotidianeidad. En ese sentido, la información ambiental adquiere un valor estratégico y práctico en la reconstrucción de la realidad social. El conocer se orienta a una perspectiva constructivista para fundamentar, analizar y promover los procesos de transición que posibiliten una racionalidad social que incorpore las condiciones ecológicas y sociales de un desarrollo equitativo y sustentable.

Figura 1

El conflicto ambiental es un ***conflicto humano*** en relación con el ***ambiente*** y constituye una "**categorización que hace el hombre** con respecto a un ***fenómeno natural o a un problema creado por él mismo***"

¿Es lo mismo hablar de conflicto que de problema ambiental?

Determinado impacto ambiental provocado por un proyecto o actividad.

Se traduce en un problema ambiental, cuando la comunidad llega a tomar conciencia de que el mismo puede traerle algún tipo de molestia o perjuicio, pero lo hace de manera individual.

Un aumento en la toma de conciencia por parte de una comunidad, indefectiblemente, estimulará la acción organizada que tendrá como fin eliminar o disminuir las externalidades y los impactos mencionados que la gente considere negativos.

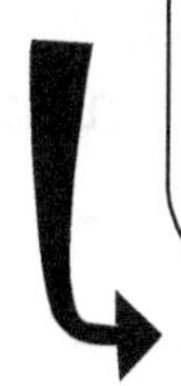

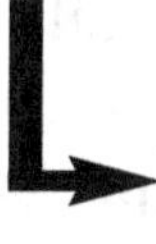

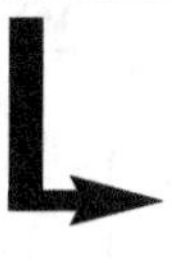

Fuente: Simeone, L. (2007) "Los contextos sociales y productivos en la construcción de la percepción de los conflictos. El caso de la industria en la ciudad de Campana". Tesis de la licenciatura en Información Ambiental, bajo la dirección Dra. Cristina Carballo. Universidad Nacional de Luján. Mimeo.

Dentro de la problemática que encierra el estudio de los conflictos ambientales, como el de cuencas hidrográficas, es frecuente la ausencia de información ambiental confiable, certera y actualizada. Sin embargo, en el origen del conocimiento y la toma de decisiones, la información está constituida por una cierta cantidad de datos, cuya ordenación y comprensión le permitirían decidir qué acción tomar al individuo o al grupo que la posee. La información reduce la incertidumbre en el área de interés e incrementa la eficiencia en las tareas y en la toma de esas decisiones. Pero también interviene en la percepción y representación de la población.

Por ello, la **figura 1** nos muestra que los problemas ambientales no son sinónimo de conflicto. En el proceso social de su construcción y validación intervienen el grado de conciencia y de información, como también el grado de organización colectiva de la comunidad o grupo social frente al perjuicio ambiental.

La información constituye, a la vez, un recurso precioso y un factor de producción que se almacena y se intercambia, para muchos, a la manera de cualquier mercancía. Pero la información ambiental, más que una mercancía, es un derecho. Entonces, por un lado, el saber ambiental y la información se constituyen en aliados y la retroalimentación es constante, otorgando los insumos necesarios para la comprensión y las alternativas de solución o remediación ambiental, según corresponda. Por otro lado, ese conocimiento tiene un impacto social diverso, según el contexto cultural y el lenguaje utilizado o provocado por el estilo de manipulación de los datos. Esto se complejiza, en términos sociales, con el proceso de percepción y construcción del conflicto ambiental. Muchas veces, los problemas ambientales llegan a ser conflictos por la falta de información ambiental, o por la imposibilidad de acceder a los indicadores o datos básicos del problema.

Figura 2

La formación de la percepción de un conflicto ambiental

➤ Supone poder captar las acciones de los individuos y de los grupos sociales que operan en un espacio específico, además de poder valorar su incidencia sobre el entorno físico o natural.

➤ Para que un problema ambiental pase a constituir un conflicto ambiental o social, debe llegar a ser reconocido por un número lo suficientemente grande de grupos e instituciones. No alcanza con el solo reconocimiento de científicos o grupos minoritarios de la población.

➤ Entre los principales aspectos que inciden sobre el reconocimiento de un problema ambiental, se pueden destacar: la cultura, la ética, la posición social, la incidencia de intereses corporativos y la formación profesional.

➤ Se puede decir que esta percepción es una construcción social, resultado de la presión de individuos y grupos involucrados por defender visiones preexistentes, acordes a su manera de entender la organización social y de acuerdo con su propio estilo de vida.

Fuente: Simeone, L. (2007) "Los contextos sociales y productivos en la construcción de la percepción de los conflictos. El caso de la industria en la ciudad de Campana". Tesis de la licenciatura en Información Ambiental, bajo la dirección Dra. Cristina Carballo. Universidad Nacional de Luján. Mimeo.

El desafío que presenta la necesidad de información ambiental, partiendo de las capacidades existentes y teniendo en cuenta el veloz desarrollo de la tecnología de la información, es establecer un esquema equilibrado, evitando entrar en la *desinformación*, que se rige y dirige por la presión de la oferta de esa información.

Cruzar el río significa poder reflexionar sobre el papel de la información científico-ambiental, y la importancia de la comunicación social frente a los desafíos ambientales, como es el manejo integrado de una cuenca hidrográfica. No basta con tener la información. En el mejor de los casos, hace falta informar, cruzar el río y promover la participación y la ciudadanía ambiental comprometida.

2. El *para qué* de la información ambiental

El desarrollo de la información ambiental y su aplicación sostenida en el tiempo aportan una base sólida al desarrollo sustentable y a la ejecución de políticas ambientales en las diferentes escalas territoriales.

¿Cómo orientar la toma de decisiones con información eficiente y socialmente equitativa? Es evidente que nos encontramos ante la necesidad de disponer de fuentes de información que tengan credibilidad frente a la sociedad. Hablamos de información como instrumento para incrementar la cohesión social, acortando la brecha que crea la inequitativa accesibilidad a las nuevas tecnologías.

La demanda de información crece en el área ambiental de forma exponencial. Esto se debe a la complejidad inherente a su problemática, posibilitada, a la vez, por la explosión de nuevos instrumentos de gestión digital de datos de diversa índole. Esto no ha impedido que una buena parte de la información ambiental de base se siga y se deba seguir generando por medios tradicionales de captación y tratamiento, como son las tomas de muestras *in situ*, las encuestas, la analítica básica y las estaciones de medida, que se movilizan a través de sistemas modernos de transferencia y procesamiento de datos, comunicaciones vía satélite, gestión informatizada de la información.

En el contexto internacional, las necesidades y deficiencias de información ambiental fueron identificadas en la Conferencia Río 92, que se refirió expresamente al tema en la *Carta de la Tierra* o *Declaración de Río* y en el Plan de Acción denominado *Programa o Agenda 21*. Precisamente, en la *Carta de la Tierra* el principio diez dispone: "El mejor modo de tratar las cuestiones ambientales es con la participación de todos los ciudadanos interesados, en el nivel que corresponda. En el plano nacional, toda persona deber tener acceso adecuado a la información que sobre el medio ambiente dispongan las autoridades públicas, incluida la información sobre los materiales y las actividades que encierran peligro en sus comunidades, así como la oportunidad de participar en los procesos de adopción de decisiones. Los Estados deben facilitar y fomentar la sensibilización y la participación de la población poniendo la información a disposición de todos. Deberá proporcionarse acceso efectivo a los procedimientos judiciales y administrativos, entre éstos el resarcimiento de daños y los recursos pertinentes".

En la Cumbre, el tema de la información se trató en el capítulo 40 de la *Agenda 21*, titulado *Información para la adopción de decisiones*. En él se presentaron dos ejes principales:

a) Reducción de las diferencias en materia de datos.

b) Mejoramiento del acceso a la información.

Allí se definían los objetivos respecto de la recolección y utilización de la información para la toma de decisiones que contribuyan al desarrollo sustentable. Dichos objetivos se describían de la siguiente manera: "Lograr una reunión y evaluación de datos más económica y pertinente mediante una mejor determinación de los usuarios y de sus necesidades de información en los planos local, nacional, regional y mundial":

1. Fortalecer la capacidad local, provincial, nacional e internacional de reunión y utilización de información multisectorial en los procesos de adopción de decisiones, y reforzar la capacidad de reunión y análisis de datos e información para la adopción de decisiones, en particular de países en desarrollo.
2. Crear o fortalecer los mecanismos locales, provinciales, nacionales e internacionales, que garanticen que la planificación del desarrollo sostenible en todos los sectores se base en información fidedigna, oportuna y utilizable.
3. Dar acceso a la información pertinente en la forma y en el momento en que se precise para facilitar su uso.
4. Reforzar los mecanismos de procesamiento e intercambio de información y la asistencia técnica, a fin de que haya un acceso efectivo y equitativo a la información generada en los planos nacional, regional e internacional, con sujeción a la soberanía nacional y a los derechos aplicables de propiedad intelectual.

Para disponer de una información satisfactoria y alcanzar los objetivos fijados en la *Declaración de Río*, las actividades que se deberían haber realizado se articularon en torno a cuatro ejes:

- el mejoramiento de la reunión y utilización de datos;
- el establecimiento de normas y métodos para el manejo de la información;
- el mejoramiento de los métodos de evaluación y análisis de los datos;
- el acceso a las nuevas tecnologías de la información y la comunicación.

Se recomendaba a los países de la región contar no sólo con una firme voluntad de organización, gestión y cooperación de los gobiernos locales y nacionales en el campo ambiental, sino con la aplicación de políticas a largo plazo y la asignación de recursos financieros, en que la información ambiental ocupase un lugar privilegiado. También se hacía hincapié en que la voluntad política de los responsables de tomar decisiones sería el motor de aquella estrategia global.

Asimismo, resultan relevantes los aportes sobre la comunidad científica y tecnológica, que recomendaban establecer mejores cauces de comunicación entre esta comunidad y los encargados de la toma de decisiones, lo cual facilitaría una mayor utilización de la información para fortalecer la difusión de los resultados de las investigaciones relacionadas con la sostenibilidad.

La *Agenda 21* también le dedicaba un espacio a la transferencia de la tecnología. Reconocía que todos los países necesitan tener acceso a tecnologías modernas y eficaces para alcanzar el desarrollo sustentable. En la transferencia de tecnologías a los países en desarrollo debe incluirse la información los riesgos sobre el medio ambiente, de manera que los países adopten decisiones informadas, y las tecnologías que se importen sean compatibles con las particulares condiciones sociales, económicas, ambientales y culturales identificadas.

3. El territorio: la clave del manejo integrado de la cuenca

Los instrumentos de medición son medios que permiten establecer sistemas de monitoreo y generación de incentivos, tendientes a la participación y a las mejoras en la intervención ambiental. Están orientados hacia los cambios institucionales y a las nuevas formas de gobernabilidad ambiental, más amplios a nivel regional, nacional o internacional. La gobernanza ambiental es un punto estratégico en las sociedades. Junto al poder público como la esfera del conocimiento científico, deben desarrollar indicadores que coadyuven a la gestión participativa, al manejo integral de la cuenca, a monitorear el buen desempeño ambiental de las empresas y del gobierno, en un marco de libertad de expresión y garantías para el goce de los derechos del ciudadano en un ambiente saludable y sostenible.

El progreso en las tecnologías de la información y en las telecomunicaciones ofrece una ocasión única para desarrollar información ambiental inteligente y eficaz, puesto que no hay límites en las capacidades de procesado, almacenamiento, recuperación y comunicación de la información. Es más, estas capacidades, como la observación remota o por satélite, aún no están optimizadas en su aplicación, a pesar de que el ambiente y los recursos naturales son objetivos prioritarios en el empleo de estas tecnologías.

Se trata de desarrollar un sistema de información básica en todas las áreas que involucran al ambiente. Pero ¿cómo ordenar la información ambiental para poder alertar sobre la situación y las tendencias? ¿De qué vale describir lo que ha venido pasando en los últimos años y lo que pasa ahora, si eso no nos sirve para modificar las tendencias, anticiparlas y cambiarlas? La información generada a partir de una identificación rigurosa de las necesidades reales y las prioridades es un elemento clave para orientar a los planificadores y ayudar a los responsables de las colectividades locales a tomar decisiones y poner en práctica políticas realistas frente a las limitaciones cada vez más severas. Para ayudar a la comprensión y gestión de los ecosistemas urbanos, la información debe abordarse de manera sistemática. Debe seguirse una metodología bien definida, a fin de evitar tanto la redundancia de datos como la pérdida de tiempo y el costo económico. El progreso tecnológico posibilitó que se dispusiera de instrumentos para facilitar la puesta en marcha de tal organización. Se trata de presentar orientaciones metodológicas y organizacionales, como también directrices para abordar la información en la esfera ambiental, especialmente en el estudio de cuencas hidrográficas; en este caso la cuenca del río Luján.

Existen, en la actualidad, esfuerzos por sistematizar la información ambiental sobre la cuenca. Tal es el caso del Centro de Información Ambiental de la Cuenca del Río Luján. No obstante, el resto de la información se encuentra dispersa y desagregada. Los trabajos que conforman la obra no son aportes a la discusión sobre la necesidad de generar indicadores ambientales, sino sobre homogeneizar criterios para su análisis e interpretación.

La relación de los habitantes de la cuenca del río Luján con el entorno también ha ido variando con el correr del tiempo, tal como han ido cambiando los distintos usos que se le diera. En primera instancia, los recursos hídricos eran sólo proveedores de agua potable, lugar de esparcimiento y recreación. Hoy en día, los cursos de agua que la integran se han convertido en cuerpos receptores de los efluentes de las empresas radicadas, y en cloacas de las distintas localidades que integran la cuenca. Pero volviendo al actual estado ambiental de la cuenca del río Luján, cabe preguntarnos, ¿hay solución posible; estamos a tiempo de revertirlo? En un intento por encontrar respuestas posibles, podemos asegurar que para que el manejo de los recursos naturales sea racional y eficiente, y para que cada proyecto que se intente llevar adelante no sea un perjuicio para otros miembros de la sociedad, es necesario contar con indicadores ambientales confiables que nos señalen cómo va el camino. Estos indicadores nos permitirán tener datos concretos. Serán útiles tanto a empresarios y dirigentes como a nuestros gobernantes, e incluso les facilitarán la tarea de gobernar y de tomar decisiones inteligentes que beneficien a la mayor parte de la sociedad. La generación de indicadores estará a cargo de un equipo interdisciplinario. Pero así como la sociedad fue tomando conciencia de la finitud de los recursos naturales, también va incorporando algunos conceptos que han pasado de ser entidades abstractas a formar parte de la militancia de los defensores de los derechos ambientales.

La necesidad de usar el espacio conformado por una cuenca como territorio base para la gestión integrada del agua ha sido enfatizada y recomendada en todas las grandes conferencias internacionales sobre los recursos hídricos. Desde 1977 en Mar del Plata, en la Conferencia de las Naciones Unidas sobre el Agua, se recomendó como una cuestión urgente el establecimiento y fortalecimiento de direcciones gubernamentales de cuencas fluviales, con el propósito de ejercer la planificación y la ordenación en forma integrada, respecto de todos los usos del agua. Las declaraciones son, en este sentido, la necesidad de la visión integral y territorial del manejo de la cuenca hídrica. Es el territorio donde encontramos los diferentes grados de autonomía social, política, administrativa, como también los diversos usos productivos o residenciales. De allí que el concepto de escala geográfica resulte indispensable para analizar las interacciones entre los intereses y las actuaciones sobre el territorio.

A pesar de lo sostenido en favor de la realización de actividades coordinadas de gestión del agua en el ámbito de cuencas, el territorio que abarca una cuenca no es, obviamente, el único ámbito dentro del cual se pueden dirigir y coordinar dichas actividades:

Hidrológicamente: los límites naturales superficiales de una cuenca no necesariamente coinciden con los límites de las aguas subterráneas (es por eso que en muchos países se establecen sistemas de distritos para el manejo de aguas subterráneas, que tienen sus límites definidos de acuerdo con los contornos de los acuíferos) ... Por otra parte, los límites de una cuenca son, en general, menos relevantes en zonas relativamente planas o de extrema aridez. Deberán ser expandidos si, por su cercanía o por la configuración de los sistemas hidrológicos que las forman, se interconectan dos o más cuencas que den origen a regiones o subregiones hidrológicas, con características productivas y ecológicas generalmente comunes.

Políticamente: los límites de las cuencas crean situaciones complejas de administración para los distintos niveles de gobierno (nacional, central o federal, estatal, provincial, regional, municipal, comunidades indígenas, etc.), quienes, por una parte, tienen la responsabilidad de dirigir, administrar o facilitar el funcionamiento de procesos de gestión de los recursos naturales y de prestación de servicios públicos basados en el agua y, por otra parte, deben relacionarse con otros niveles de gobierno para resolver problemas comunes. Los límites político–administrativos se sobreponen a los delimitados por la naturaleza. Por ello, toda propuesta de gestión del agua y de los recursos naturales a nivel de cuenca debe ser capaz de promover, facilitar y garantizar la participación activa de los niveles de gobierno, que corresponden a los diferentes espacios político–administrativos que conforman las cuencas. A la inversa, dichos gobiernos deben darle la autonomía necesaria al equipo técnico a cargo de la gestión del agua para aplicar los planes.

Institucionalmente: en muchos casos, los ámbitos territoriales de acción de organismos públicos y privados no coinciden con los límites naturales de las cuencas, lo que dificulta la gestión coordinada del agua. De hecho, mientras que la cuenca es la unidad que determina la oferta de agua, muchas de las decisiones que fijan la demanda de agua y de servicios públicos relacionados, y que afectan su disponibilidad, no se encuentran en la cuenca de origen, sino que provienen de actores exógenos a ella. Por ejemplo, a menudo hay conflictos creados por la intervención vertical de organismos dependientes de gobiernos nacionales o centrales en asuntos locales, y hay cruce de funciones e intervenciones de actores públicos y privados, que son exógenos a la cuenca, en las decisiones que la afectan. En algunas ocasiones, la falta de claridad en la definición de los campos de actuación de las dependencias gubernamentales, o la duplicidad de funciones, vacíos y contraposiciones institucionales, pueden resultar más conflictivos que la superposición de los límites político–administrativos con los límites naturales de las cuencas.

Fuente: Dourojeanni, A. y otros (2002) *Gestión del agua a nivel de cuencas: teoría y práctica.* CEPAL. Serie Recursos Naturales e Infraestructura. Santiago de Chile, pág. 11

En síntesis, la cuenca, sea en forma independiente o interconectada con otras, es reconocida como la unidad territorial más adecuada para la gestión integrada de los recursos hídricos. Las aguas superficiales y subterráneas, así como las cuencas de captación, las zonas de recargas, los puntos de extracción del agua, las obras hidráulicas y los puntos de salida de aguas servidas forman, con relación a una cuenca, un sistema integrado e interconectado. No hay escapatoria. Entonces, tanto las características físicas del agua como su valoración social y apropiación conforman un eslabonamiento de los procesos físicos y sociales entre usos y usuarios. Se genera entre ellos una alta interrelación e interdependencia, que incorporan a las externalidades o efectos no previstos de la actividad humana sobre el recurso cuenca.

4. ¿Cómo se genera la información ambiental? A través del desarrollo de indicadores ambientales

La información ambiental comprende tanto los conocimientos del medio natural en que vivimos (patrimonio natural) como los relativos al medio artificial, creados por la sociedad. Para el desarrollo equilibrado y equitativo de nuestras sociedades se requiere de la utilización de la información como un elemento indispensable en la toma de decisiones, para una gestión territorial que abarque toda la realidad. De allí el interés que ha suscitado la economía de la información y toda su significación ambiental. El análisis de los fenómenos de interacción que vincula las dinámicas de la esfera económica y natural debe basarse en información fidedigna y precisa. Más allá del campo de la información, válido para toda información, se consideran tres etapas que permiten alcanzar este objetivo: la recolección, la gestión y la utilización de la información. Generada a partir de una identificación rigurosa de las necesidades reales y las prioridades, es un elemento clave para orientar a los planificadores a tomar decisiones y poner en práctica políticas realistas, frente a las limitaciones cada vez más severas. Se trata, pues, de presentar orientaciones metodológicas y organizacionales, y directrices para abordar la información en la esfera ambiental, haciendo referencia especialmente a la realidad de la sociedad en relación con sus cuencas hídricas y las problemáticas que de ellas surjan.

Los indicadores ambientales nacen como resultado de la creciente preocupación por los aspectos ambientales del desarrollo y el bienestar humano. Este proceso cada vez requiere mayor y más sofisticada información ambiental y, de manera contradictoria, nace de la urgencia por abreviar la información ambiental en el campo de la toma de decisiones. Esta doble vertiente es, sin duda, un elemento de conflicto permanente de los indicadores ambientales, que deben recoger un cúmulo cada vez mayor de información compleja en un número cada vez menor de componentes paramétricos.

El indicador debe permitir una lectura sucinta, comprensible y científicamente válida de los fenómenos ambientales en cuestión. Se deduce, entonces, que el parámetro (que por el hecho de ser indicador describe el campo de información) constituye una síntesis, permite derivar un conocimiento sobre el conjunto.

Los indicadores deben responder a las cuestiones ambientales que interesan en la toma de decisiones y en la información pública en general. Por lo tanto, dando prioridad a una aproximación antrópica en el diseño de los mismos, más que a una, estrictamente, ecosistémica. De esta manera, no existe un modelo único de sistema de indicadores, pues éste se determina por el uso al que está destinado, no por su contenido.

Los indicadores ambientales están destinados a proveer una visión agregada del estado del medioambiente de un país, coherente con los intereses sociales dominantes, y útil para los procesos de toma de decisiones en este campo. En una aproximación a la definición de *indicador ambiental*, vale aclarar que prácticamente cualquier parámetro estadístico asociado a fenómenos ambientales posee las cualidades necesarias para transformarse en un indicador ambiental. Es decir, convertirse en un dato que provee una información sintética con respecto a un fenómeno ambiental de relevancia social.

Así es como podemos afirmar que el indicador ambiental de una variable, o estimación ambiental (superficie de zonas verdes por habitante), provee una información agregada y sintética sobre un fenómeno, más allá de su representación propia.

Esta función, añadida a una variable ambiental normal que la transforma en indicador ambiental, tiene un carácter estrictamente antroposocial. Tal vez, porque la búsqueda de indicadores responde a un interés social específico y no pretende una reproducción científico-conceptual del medio, ni del estado del mismo como objeto. También, porque la selección de la variable –que tiene que representar un fenómeno de forma agregada, aunque tiene un sustento objetivo, debido a que se basa en el conocimiento científico actual– está determinada por la utilidad del indicador para el proceso de toma de decisiones. En definitiva, está determinada por la perspectiva social desde la cual se observa el medio, –y en ningún caso se orienta hacia la reproducción conceptual objetiva del medio o de uno de sus elementos.

Figura 3

INDICADOR	FÓRMULA	DEFINICIÓN DE VARIABLES	LIMITACIONES	FUENTE
Porcentaje de la población que vive por debajo de la línea de pobreza	Canasta básica total (CBT)= Canasta básica de Año, emtps (CBA)* Inversa del coeficiente de Engel Coeficiente de Engel= Gastos alimencios/ Gastos totales.	**Canasta básica de alimentos de costo mínimo:** es la canasta capaz de satisfacer un umbral mínimo de necesidades energéticas y proteicas, valorizado con los precios relevados por el Índice de Precios al Consumidor (IPC). La CBA se calcula para un adulto equivalente (varón adulto de 30 a 59 años, con actividad moderada). **Canasta básica total:** se amplía la CBA con la inclusión de bienes y servicios no alimentarios (vestimenta, transporte, educación, salud, etc.).	Dado en la forma que este dato se colecta, Encuesta Permanente de Hogares (EPH), sólo permite medir la población que vive bajo la línea de pobreza en los conglomerados urbanos donde se releva. Sin embargo, el porcentaje de población y el nivel de actividad en estos conglomerados es un porcentaje muy alto, ya que el EPH cubre el 70% de la población urbana del país.	Encuesta Permanente de Hogares. Instituto Nacional de Estadísticas y Censos (INDEC), Argentina.
Porcentaje de la población que vive por debajo de la línea de indigencia	Se compara la canasta básica de alimentos de costo míni-mo, ajustada según la edad y se la compa-ra con los	**Canasta básica de alimentos de costo míni-mo:** es la canas-ta capaz de satisfacer un umbral mínimo de necesidades,	Ídem porcenta-je de población que vive por debajo de la línea de pobreza.	Encuesta Permanente de Hogares. Instituto Nacional de Estadísticas y Censos (INDEC), Argentina.

	ingresos de las personas o del grupo familiar.	energéticas y proteicas, valorizado con los precios relevados por el Índice de Precios al Consumidor (IPC). La CBA se calcula para un adulto equivalente (varón adulto de 30 a 59 años, con actividad moderada).		
Porcentaje de la población con necesidades básicas insatisfechas	(Población en hogares con NBI/total de la población)*100.	**Población con NBI:** población que reúna, al menos, una de las siguientes condiciones: hacinamiento crítico, vivienda de tipo inconveniente, condiciones sanitarias sin retrete, inasistencia escolar, incapacidad de subsistencia.	Sólo permite medir indicadores de precariedad habitacional, educación y ocupacional. No así sobre nutrición, salud, ingresos o equipamiento de hogares. Fuente: Secretaría de Ambiente y Desarrollo Sustentable (2005), Sistema de Indicadores de Desarrollo sostenible. República Argentina. Ministerio de Salud y Ambiente de la Nación Buenos Aires.	Encuesta Permanente de Hogares. Instituto Nacional de Estadísticas y Censos, (INDEC) Argentina.

Fuente: Secretaría de Ambiente y Desarrollo Sustentable (2005), *Sistema de Indicadores de Desarrollo sostenible. República Argentina.* Ministerio de Salud y Ambiente de la Nación, Buenos Aires.

En la figura anterior se presenta una selección de indicadores sobre pobreza para el caso de Argentina. Se definen la fuente estadística que se tomará en cuenta, el alcance y la construcción técnica operativa para su aplicación. Se identifican tres tipos o categorías: bajo la línea de pobreza, bajo la línea de indigencia y el NBI. Este es un buen ejemplo de los criterios que están presentes a la hora de formular un indicador socioambiental.

A. De entre todas las características o criterios para la selección de los indicadores ambientales, se pueden destacar los siguientes:

Relevantes a escala nacional.

Pertinentes frente a los objetivos de desarrollo sostenible, u otros que se persigan.

Comprensibles, claros, simples y no ambiguos.

Realizables dentro de los límites del sistema estadístico nacional y disponibles con el menor coste posible.

Limitados en número, pero amparados por un criterio de enriquecimiento.

Representativos, en la medida de lo posible, de un consenso (internacional y nacional).

Respecto a su utilidad, los indicadores ambientales presentan las **funciones** principales siguientes:

- Proveer información sobre los problemas ambientales.

- Apoyar el desarrollo de políticas y el establecimiento de prioridades, identificando los factores clave de presión sobre el medioambiente.

- Contribuir al seguimiento de las políticas de respuesta y, especialmente las de integración.

- Ser una herramienta para la difusión de información en todos los niveles, tanto para responsables políticos, expertos o científicos como público en general.

B. Asimismo, en un sistema de indicadores ambientales la definición de indicadores se debe ajustar a unos criterios básicos, que se refieren a la necesidad de lo siguiente:

- Establecer indicadores cuya comprensión sea sencilla y accesible a los no especialistas.

- Que cada indicador constituya una expresión clara de estado y tendencia, generalizable al área temática de referencia (es decir, el indicador se interpreta en el contexto de referencia para el que ha sido definido).

- Que el conjunto de indicadores definidos sea comprehensivo de la realidad ambiental a la que se refiere.

C. La creación de un sistema de Indicadores persigue los siguientes objetivos:

- Facilitar la evaluación de la situación ambiental de un territorio o de una problemática específica.

- Proporcionar datos equivalentes entre sí en las diferentes regiones y países, de forma que puedan agruparse, también para obtener datos globales (nacionales e internacionales).

- Proporcionar información sistematizada y de fácil comprensión para el público no experto en la materia sobre la situación ambiental, en el ámbito que se contemple.

Fuente: Ministerio de Medio Ambiente (1996), *Indicadores ambientales. Una propuesta para España.* Secretaría General del Medio Ambiente. Dirección General de Calidad y Evaluación Ambiental, Madrid.

De las posibles conceptualizaciones existentes, podemos citar la propuesta por la OCDE. Este organismo considera que un indicador es un parámetro o valor derivado de otros parámetros, dirigido a proveer información y a describir el estado de un fenómeno con un significado añadido mayor al directamente asociado a su propio valor. A su vez, este organismo define el concepto de índice como un conjunto agregado o ponderado de parámetros o indicadores.

De esta manera, podemos llegar a concluir que un indicador ambiental es una variable que ha sido socialmente dotada de un significado añadido al derivado de su propia configuración científica. Esto, a fin de reflejar de forma sintética una preocupación social con respecto al medioambiente, e insertarla coherentemente en el proceso de toma de decisiones. Algunos sistemas de indicadores ambientales no se satisfacen con seleccionar una o varias variables descriptivas de un fenómeno ambiental de interés social como mecanismo de síntesis de la información necesaria para tomar decisiones, sino que fusionan la información contenida en varias variables en una sola expresión numérica. La magnitud resultante de tal fusión se denomina índice y es una adimensional, pues resulta de la adición ponderada, según el procedimiento que se elija, de diversas unidades de medida.

El Instituto francés de Medio Ambiente (IFEN) define los indicadores como unos datos que han sido seleccionados a partir de un conjunto estadístico más amplio, por poseer una significación y una representatividad particulares. Los indicadores condensan la información y simplifican el acercamiento a los fenómenos medioambientales a menudo complejos, lo cual los hace muy útiles para la comunicación.

A modo de síntesis, recordemos que los indicadores ambientales son herramientas de ayuda para la toma de decisiones. Como toda herramienta, además de su diseño se hace necesaria la puesta a prueba de su aplicación y su uso. Dentro de este contexto, el concepto de indicadores e índices se refiere a lo siguiente:

1. La información que es parte de un proceso especifico de gestión y que puede ser comparada con los objetivos de dicho proceso.
2. La información a la cual se le puede asignar un significado o trascendencia mayor que su valor observado o real.
3. Los índices se construyen para lograr una reducción en el volumen de datos acerca de variables particulares, que tienen un significado o trascendencia especial.

5. Hacia una gestión integrada de la cuenca: ideas provisorias

El concepto de *desarrollo sustentable* es cada día más aceptado entre aquellos que defienden la naturaleza y aquellos que deciden. Hay dos maneras de abordarlo: la primera es a través de una defensa de esta clase de desarrollo, y la otra es ignorándolo, negándolo. Lo que no significa otra cosa sino reconocer que ya se ha instalado. Se entiende por: *desarrollo sustentable:* aquel que permite mantener un equilibrio entre el crecimiento económico, el desarrollo social y la conservación del patrimonio natural. Es en este paradigma que los recursos y el ambiente pasan a valorizarse como factores de desarrollo, transformando radicalmente el enfoque clásico de la teoría económica. El establecimiento de esta *revolución científica*, que surge como consecuencia de los conflictos planetarios en materia de problemas ambientales y pobreza, ha adoptado un nuevo significado para comprender y enfrentar los desafíos de este nuevo orden económico mundial, que obligan a considerar, en adelante, al conjunto de los datos ambientales. Es decir, de la información ambiental, que comprende tanto los conocimientos del medio natural en que vivimos (patrimonio natural), como los relativos al medio artificial creado por la sociedad. Para un desarrollo equilibrado y equitativo de nuestras sociedades se requiere, como hemos dicho anteriormente, la utilización de la información como un elemento indispensable en la toma de decisiones, dentro de una gestión territorial que abarque toda la realidad. La gestión integrada del agua, según diversos autores, puede entenderse como formas distintas de integración:

1. De los intereses de los diversos usos y usuarios del agua, con el propósito de minimizar los conflictos o incompatibilidades de usos.
2. De los principales aspectos de la demanda del agua, identificación de los usos y actores.
3. de los diversos procesos naturales en que interviene el ciclo del agua en la cuenca.
4. Del manejo del agua y las actividades productivas claves de la región.
5. De la equidad ambiental en la distribución del recurso.

Por otra parte, la adopción del marco conceptual para el desarrollo y uso de indicadores tendrá como objetivos esenciales:

1. Promover el desarrollo de instrumentos y procedimientos adecuados a los contextos culturales y sociales de la población.
2. Conectar los datos, estadísticas ambientales e información relacionada con las necesidades políticas y de manejo y gestión a nivel local, nacional y regional.
3. Integrar conjuntos de datos en una base geográfica, para apoyar el proceso de toma de decisiones en función de los diferentes niveles (país, ecosistema, municipios) y escalas (local, nacional, regional, global).

4. Mejorar y facilitar el intercambio y la calidad de la información utilizada en los procesos de la toma de decisiones y la planificación.

5. Comunicar a los diferentes tipos de usuarios información regional, nacional y local, útil para la toma de decisiones.

La definición de *indicador ambiental* explicita su carácter social y el del sistema estadístico que implica. Esto tiene repercusiones prácticas que van desde la definición de objetivos de un sistema de indicadores, hasta los procedimientos de construcción de este aparato estadístico, que hacen de los indicadores ambientales un genuino producto estadístico y social.

6. Bibliografía

Abella, G. y R. Fogel, (2000) *Principios de intervención en la capacitación comunitaria.* Serie Manuales de Educación y Capacitación Ambiental, PNUMA, México.

Anuiza, E. (coord), (2006) *Opinión pública y medio ambiental.* Barcelona. Grao.

Batalla, Ma. R. (2004) "Indicadores e índices ambientales", en: Batalla, Ma. R. *Los sistemas de Información Ambiental como propuesta metodológica para la ordenación ambiental del territorio de las urbanizaciones cerradas de Pilar.* Tesis, bajo la dirección de la Dra. Cristina Carballo. Universidad Nacional de Luján. Mimeo.

Beck, U. (1998) *La sociedad del riesgo, Hacia una nueva modernidad,* Buenos Aires. Paidós.

Carballo, C. (2000) "Inundación, degradación urbana y construcción social del riesgo" en: Estudios Socioterritoriales Año 1 N° 1, octubre 2000, CIG – FCH– UNCPBA. Tandil.

Carballo, Cristina y L. Simeone (2001) "Comunidad, Problema Ambiental y Percepción". En: Anuario 2000 División Geografía. Departamento de Ciencias Sociales. Universidad Nacional de Luján. Luján.

Carballo, C. (2005) "Espacio Verde y ciudad", en: Guillermo Velázquez y Sebastián Gómez Lende (Coordinadores) *Desigualdad y calidad de vida en la Argentina (1991-2001) Aportes empíricos y metodológicos.* CIG – FCH Universidad Nacional del Centro de la Provincia de Buenos Aires (UNCPBA), capítulo 7, pp. 181-198. Tandil

CIACLu, *Centro de información ambiental de la cuenca del río Luján,* bajo la dirección de la Dra. Cristina Carballo. www.ciaclu.com

Dourojeanni, A. y otros (2002) *Gestión del agua a nivel de cuencas: teoría y práctica*. Serie Recursos Naturales e Infraestructura. Santiago de Chile. CEPAL.

Ministerio de Medio Ambiente (1996) *Indicadores ambientales. Una propuesta para España*. Secretaría General del Medio Ambiente. Dirección General de Calidad y Evaluación Ambiental. Madrid.

Redclift M. y Woodgate G. (2002) *Sociología del medio ambiente: una perspectiva internacional*. Mc Graw Hill.

Secretaría de Ambiente y Desarrollo Sustentable (2005) *Sistema de Indicadores de Desarrollo Sostenible. República Argentina*. Ministerio de Salud y Ambiente de la Nación. Buenos Aires.

Simeone, L. (2007) *Los contextos sociales y productivos en la construcción de la percepción de los conflictos. El caso de la industria en la ciudad de Campana*. Tesis, bajo la dirección de la Dra. Cristina Carballo. Universidad Nacional de Luján. Mimeo.

Tabara, J. D. (1999) *La percepción de los problemas ambientales*. Barcelona. Beta.

Capítulo II
Dinámica demográfica
y evolución de la pobreza en la cuenca
del río Luján, Buenos Aires (1980-1991)

Gustavo Álvarez

1. Introducción

Este texto es el avance de una investigación sobre las vinculaciones entre la pobreza y la dinámica demográfica. En particular, expone los resultados del análisis de la evolución de la pobreza entre 1980 y 1991, de los partidos que componen la cuenca del río Luján, Provincia de Buenos Aires. El área geográfica de la investigación se compone de catorce partidos (según la división política administrativa vigente hacia 1991): Luján, Mercedes, Campana, Exaltación de la Cruz, San Andrés de Giles, Suipacha, Chivilcoy, General Rodríguez, Pilar, General Sarmiento, Moreno, San Fernando, Escobar y Tigre. Cabe consignar que se trata, por su extensión, de una población de considerable tamaño. Al respecto, puede corroborarse en el cuadro 1 que alrededor de dos millones de personas habitaban esta región en 1991, lo que representa poco menos de un sexto de la población provincial.

Cuadro 1

Población total por partido, según sexo, cuenca del río Luján, Buenos Aires, 1991

Partido	Total	Varones	Mujeres
Total	1.958.973	973.526	985.447
Campana	71.464	35.596	35.868
Chivilcoy	57.479	27.592	29.887
Escobar	128.421	64.131	64.290
Exaltación de la Cruz	17.072	8.753	8.3319
Gral. Rodríguez	48.383	24.295	24.088
Gral. Sarmiento	652.969	324.845	328.124
Luján	80.645	40.064	40.581
Mercedes	55.613	27.604	28.009
Moreno	287.715	143.364	144.351
Pilar	130.187	65.556	64.631
San Andrés de Giles	18.302	9.255	9.047
San Fernando	144.763	70.415	74.348
Suipacha	8.038	4.069	3.969
Tigre	257.922	127.987	129.935

Fuente: Censo Nacional de Población y Vivienda, 1991.

Una parte importante de la cuenca se superpone con el área metropolitana del Gran Buenos Aires (GBA). Efectivamente, los últimos siete partidos mencionados se incluyen, total o parcialmente, en el GBA, y ellos constituyen la subregión más poblada de la cuenca del río Luján.

Por otro lado, es evidente que la porción más poblada de la región forma parte del segundo cordón del Gran Buenos Aires, y comparte su misma dinámica demográfica. Sin embargo, debe notarse la especificidad de la población de la región que no ocupa el área metropolitana. A modo de ejemplo de la diversidad intra-regional, puede confrontarse la estructura por edad y sexo de la región hacia 1991 con las dos subregiones demarcadas. Estas características se aprecian en las pirámides de población del gráfico 1.

La observación de la evolución de la pobreza que se expone está basada, fundamentalmente, en la información de los censos nacionales de población y vivienda. En tal sentido, el período de referencia transcurre entre los años 1980 y 1991. Si bien existen otras fuentes para aproximarse a la descripción de la pobreza en dicho período, como la Encuesta Permanente de Hogares y la Encuesta Nacional de Gasto de los Hogares, no pueden ser aprovechadas en este caso, debido a la insuficiente cobertura de dichos relevamientos muestrales para atender la totalidad de la región de interés.

El objetivo de este trabajo es describir las relaciones entre la evolución de la pobreza y la dinámica demográfica durante el período 1980-1991. Como se mencionó previamente, la cuenca del río Luján es una región donde se verifican diferencias en la estructura demográfica. En tal sentido, esta investigación se orienta a corroborar los diferenciales en la evolución de la pobreza, y a reconocer las relaciones entre ellos y aspectos demográficos como el crecimiento poblacional, la composición del crecimiento (natural y migratorio), la urbanización, la estructura de edades y el tamaño medio de los hogares.

A fin de cuantificar la extensión de la pobreza, se adoptó como criterio de identificación de los hogares pobres la metodología de las Necesidades Básicas Insatisfechas (NBI). Sobre la base de ésta, se examinan las variaciones en la incidencia y el perfil de la población según las carencias experimentadas.

La metodología de NBI ha sido caracterizada como la expresión de la pobreza estructural. En tal sentido, las variaciones que habrán de confrontarse harán referencia a modificaciones en los bolsones de pobreza extrema, antes que a la pauperización de los estratos medios. Por lo tanto, analizaremos cambios en las manifestaciones menos coyunturales de la pobreza, razón que refuerza la plausibilidad de hallar relaciones con los cambios poblacionales, cuya maduración y manifestación exceden el corto plazo.

Gráfico 1. Pirámides según datos censales de 1991

PARTIDOS DE LA REGION QUE NO INTEGRAN EL GBA

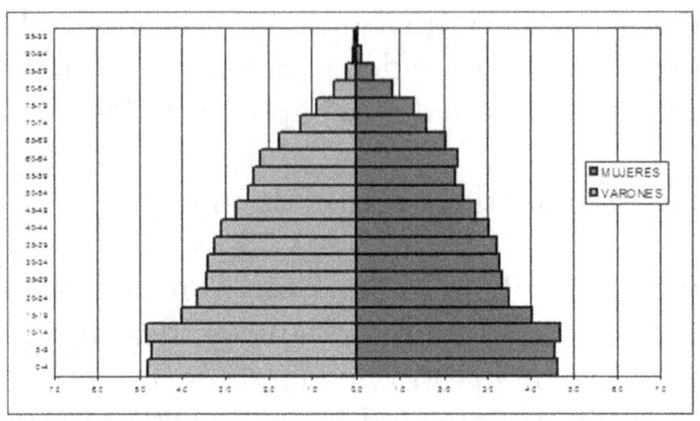

PARTIDOS DE LA REGION QUE INTEGRAN EL GBA

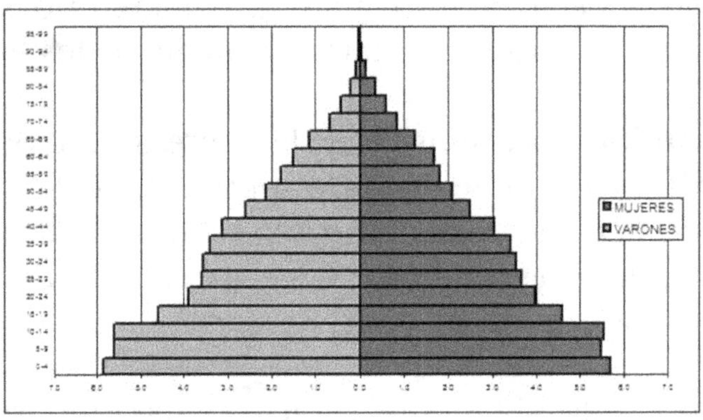

TOTAL REGION DE LA CUENCA DEL RIO LUJAN

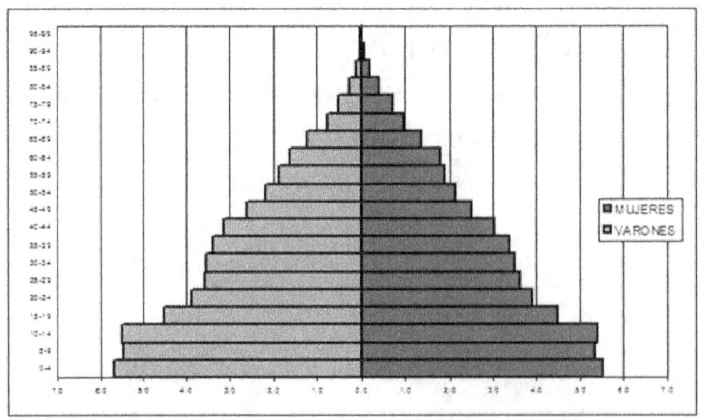

2. Definiciones conceptuales y metodológicas

Los primeros estudios sistemáticos de la pobreza se remontan a los inicios del siglo XX. Aunque el conocimiento de esta problemática, al tiempo que el interés de los gobiernos, se ha intensificado en la región de América Latina recién en las últimas décadas.

Según una tradicional interpretación, la pobreza es un síndrome situacional complejo en el que convergen diversas manifestaciones como el infraconsumo, la desnutrición, las precarias condiciones de vivienda, los bajos niveles educacionales, las malas condiciones sanitarias, una inserción inestable en el aparato productivo, actitudes de desaliento y anomia, poca participación en los mecanismos de integración social y la adscripción a una escala particular de valores (Altimir, 1979). Desarrollar el concepto de *pobreza* supone dos tareas necesariamente conexas: la identificación (normas para incluir a un grupo de personas en la categoría de *pobres*) y la agregación (criterios para integrar las características del conjunto de pobres en una imagen global de la pobreza) (Sen, 1992).

Las dos aproximaciones más tradicionales a la identificación de las personas en la categoría de pobres se han basado en los atributos del hogar: el método del ingreso y el mapa de carencias críticas. En el primer caso se apeló a la construcción de Líneas de Pobreza (LP), mientras que los mapas se hicieron según las Necesidades Básicas Insatisfechas (NBI).

Como se mencionó en la introducción, el análisis de la pobreza en la cuenca del río Luján se basó en datos censales. En consecuencia, fue adoptada la metodología de las NBI, según la cual un hogar particular es considerado pobre si presenta, al menos, una carencia crítica (INDEC, 1984). A fin de reconocer los hogares pobres, se consideró que eran críticas las siguientes situaciones:

- *Hacinamiento*: convivir más de tres personas por cuarto.

- *Vivienda*: habitar una vivienda de tipo inconveniente (pieza de inquilinato, vivienda precaria u otro tipo, lo que excluye casa, departamento o rancho).

- *Condiciones sanitarias*: no disponer de retrete de ningún tipo.

- *Escolaridad*: tener algún niño en edad escolar (6 a 12 años) que no asista a la escuela.

- *Capacidad de subsistencia*: contar con dificultades para alcanzar un ingreso suficiente. Esto es, hogares con cuatro o más personas por miembro ocupado y, además, cuyo jefe tuviera baja educación (nunca asistió a algún establecimiento educacional o asistió, como máximo, hasta segundo año del nivel primario).

Optar por la identificación de la pobreza mediante las NBI implica algo más que seleccionar una metodología. Los dos acercamientos habituales (NBI y LP) responden a matrices conceptuales diversas, y detectan manifestaciones de la pobreza correspondientes a planos disímiles. La pobreza identificada por LP suele expresar situaciones coyunturales, mientras que las NBI fueron concebidas para reconocer carencias estructurales (Kaztman, 1996).

Cuando fueron formulados los indicadores de necesidades básicas, se tuvieron en cuenta cinco criterios: agregación geográfica, representatividad, universalidad, simplicidad y estabilidad. Este último hacía referencia a "dar prioridad a indicadores que, por su menor sensibilidad a la coyuntura, reflejan características relativamente permanentes de los hogares" (Kaztman, 1996).

Consecuencia de esto fue que las medidas de pobreza por NBI tuviesen minimizada la capacidad de cometer errores de inclusión (clasificar como pobres a hogares que no lo son), pero al precio de reconocer sólo las manifestaciones más extremas de pobreza, asociadas a las características más estructurales de las estrategias familiares de vida. Por tal motivo, el método de las NBI difícilmente identifica a los hogares aquejados por un proceso de movilidad descendente (nuevos pobres), ya que conservan niveles educativos, pautas de asistencia escolar de los niños e infraestructura de vivienda correspondientes a su posición anterior (Kaztman, 1996).

Asimismo, debe advertirse que varios de los indicadores de NBI están asociados al nivel de natalidad (hacinamiento, asistencia escolar y capacidad de subsistencia), y su probabilidad de descender aumenta cuando hay menos niños o cuando disminuye el peso relativo de éstos en la población (Kaztman, 1996). En resumen, los indicadores de NBI no son universales y su prevalencia está afectada por la estructura de edades. Son menos proclives a identificar la pobreza en poblaciones envejecidas (Gómez y otros, 1997).

Asumiendo las limitaciones de la metodología de las NBI, corresponde reconocer algunos puntos fuertes que fueron tenidos en cuenta para su adopción en este análisis. En primer lugar, el criterio de desagregación geográfica que orientó la selección de estos indicadores permite que sean establecidos a partir de fuentes de datos generales. Dado que esta información proviene de los censos de población, permiten dar cuenta de todas y cada una de las áreas del país; aun de aquellas menos densamente pobladas, donde no hay encuestas disponibles, o sólo describen grandes extensiones territoriales. Puntualmente, éste es el caso del área de interés para este estudio.

Por cierto que los censos de población podrían servir para establecer medidas más precisas de la pobreza, pero la ausencia de nuevas metodologías lleva a que sólo se haya publicado información derivada de los censos atinente a las NBI. Si bien hubo otros intentos de elaboración de indicadores censales de carencias críticas (CEPA, 1993), adolecen de las mismas debilidades que los indicadores de la metodología tradicional.

Por otra parte, sin negar la incapacidad del método para reconocer ciertas formas de la pobreza (coyuntural, nuevos pobres), debe admitirse que –por factores que pueden estar vinculados o no a las políticas sociales– una reducción de la incidencia de hogares con NBI debe interpretarse como una mejora en las condiciones de vida de los hogares.

En la cuenca del río Luján hubo un descenso del porcentaje de hogares con NBI entre 1980 y 1991, pero no se lo puede atribuir sin más a la reducción de la natalidad. Al respecto, un análisis desagregado de la evolución de la Tasa Bruta de Natalidad permitirá corroborar que descendió en menor medida que la incidencia de hogares con NBI, y en algunos partidos tuvo un ligero aumento.

Consideramos el término *Dinámica demográfica* como la síntesis de los hechos relacionados con el tamaño y crecimiento de una población, su composición respecto de diversos atributos (entre los cuales se destacan el sexo y la edad) y su distribución espacial. A su vez, estos hechos dependen del nivel y las fluctuaciones de los llamados *fenómenos demográficos*: nupcialidad, fecundidad, mortalidad, migraciones internas y migraciones internacionales. El supuesto es que *dinámica demográfica global* es una suma ponderada de las dinámicas correspondientes a grupos social y espacialmente diferenciados. Los respectivos coeficientes de ponderación son el peso específico de cada uno de dichos grupos en la población total (Torrado, 1990).

El crecimiento de una población, frecuentemente, implica cambios en la composición, al tiempo que se encuentra íntimamente ligado al desarrollo económico y social de un área. Las tendencias globales manifestadas en el crecimiento de una población constituyen la expresión resultante del accionar de dos componentes: el crecimiento vegetativo o natural y el saldo migratorio. En el primer caso nos referimos al crecimiento natural que se produce por la diferencia en la magnitud de la natalidad y la mortalidad. En tanto que el saldo migratorio manifiesta la relación entre la inmigración y la emigración al área de interés durante el período de observación.

El crecimiento vegetativo es el componente básico del crecimiento, ya que posee mayor estabilidad a través del tiempo y, consecuentemente, es la porción del crecimiento más claramente predictible para la elaboración de proyecciones de población. Mientras que el otro componente suele ser más inestable, ya que su origen tiene directa vinculación con los vaivenes del mercado laboral, o bien se asocia a coyunturas políticas singulares.

Si bien no existen datos confiables que permitan estudiar los saldos migratorios internos, la magnitud de este componente puede deducirse mediante la ecuación compensadora que vincula el crecimiento total con sus componentes. A partir de dicha lógica, en este trabajo se analizarán el crecimiento total y la participación relativa que le corresponde al crecimiento natural.

En referencia a la distribución espacial, el asentamiento de la población en áreas urbanas o rurales es un concepto clave. Abundante literatura ha comprobado que la vida en aglomeraciones urbanas conlleva cambios culturales de gran importancia. Entre otros aspectos, la incursión en el estilo de vida urbano plantea una revisión de las necesidades básicas en el seno de los hogares, al tiempo que fija nuevas reglas para acceder a la satisfacción de las mismas.

La definición de población urbana que se adoptará en este trabajo es la que se ha utilizado, tradicionalmente, en el análisis de los relevamientos censales de la Argentina. Al respecto, se considera *población urbana* a aquella que reside en localidades (aglomeraciones) con 2000 habitantes o más, independientemente de consideraciones acerca de la presencia de ciertos servicios públicos, de límites jurisdiccionales, o bien de modalidades de edificación.

La estructura de la población, desde un punto de vista demográfico, hace referencia a la composición por estratos o subpoblaciones con comportamientos específicos, que impactan de manera diferencial en la dinámica poblacional. Debido a sus importantes consecuencias, la estructura de una población por sexo y edad constituye una cuestión central en el análisis demográfico.

La composición por edad y sexo de una población es el resultado de tendencias pasadas de la fecundidad, la mortalidad y la migración. A su vez, esta estructura influye en las tendencias demográficas, condicionando los niveles generales de la natalidad y la mortalidad. Por ejemplo, durante una etapa de transición la tasa bruta de natalidad tiende a ser superior y la de mortalidad inferior a las tasas intrínsecas. En consecuencia, la tasa bruta de crecimiento natural o vegetativo tiende a ser superior al nivel que alcanzaría en el caso de que se mantuvieran los niveles de fecundidad y mortalidad.

Con la finalidad de arribar a una descripción somera de la estructura por edades, en los análisis posteriores se habrán de distinguir tres grandes grupos de edad. Estos grupos han sido habitualmente definidos por su referencia a ciertas etapas vitales y, en particular, por su relación con la probabilidad de participar en la actividad económica. Al respecto, se diferenció:

- *Población juvenil*: personas de 0 a 14 años de edad.
- *Población adulta*: personas de 15 a 64 años de edad.
- *Población anciana*: personas de 65 años y más.

Dado que la población adulta es aquella que tiene más plena participación en la actividad económica, se la considera como población potencialmente activa. En tal sentido, suele relacionarse el peso relativo de estos grupos de edades mediante índices orientados a establecer la dependencia de los grupos extremos de la estructura.

Los índices que se habrán de apreciar son:

- *Índice de Dependencia Potencial* (IDP): IDP= (P 0-14 + P 65 y más) / P15-64 * 100
- *Índice de Dependencia de Ancianos* (IDA): IDA= P 65 y más / P15-64 * 100

Por último, cabe precisar la forma en que se va a establecer la evolución de los indicadores. Al respecto, la primera decisión fue descartar indicadores referidos a magnitudes absolutas. Dado que se va a comparar el cambio en los distintos partidos de la región, las marcadas diferencias en cuanto a volumen poblacional son un dato insoslayable.

Asimismo, las mismas magnitudes relativas, como el porcentaje de hogares con NBI o el porcentaje de población adulta, eran diferentes al comienzo del período. Por tal motivo, salvo en los casos en que se apeló a tasas de crecimiento (dando cuenta del ritmo anual del cambio), se optó por un Índice de Cambio Relativo (ICR):

ICR = Valor del Indicador en 1991 / Valor del Indicador en 1980

En consecuencia, el ICR es una medida de la variación relativa que asumirá la unidad cuando no haya modificaciones. Cuando haya variaciones, se apreciarán valores superiores (aumentos) o inferiores (disminuciones) a 1, siendo la magnitud de los cambios proporcional a la distancia con respecto a la unidad.

3. Dinámica demográfica: tipología de crecimiento

La cuenca del río Luján es un espacio heterogéneo compuesto por partidos con diversas estructuras, que durante el período 1980-1991 han manifestado dinámicas demográficas diferenciadas. La proximidad con el GBA, y aun la superposición parcial o total en algunos partidos, constituye un dato insoslayable. De acuerdo con las definiciones más amplias del GBA, habría siete partidos que formarían parte del área metropolitana: General Rodríguez, Pilar, ex General Sarmiento[1], Moreno, San Fernando, Escobar y Tigre.

Sobre la base de esta distinción, se podrían reconocer dos espacios claramente diferenciados: la subregión metropolitana y la subregión extrametropolitana. Los que fueron incluidos en la dinámica urbana propia del GBA son partidos con un elevado grado de concentración espacial, con una población rural minoritaria en vías de ser absorbida por el espacio urbano. En tanto que la subregión extrametropolitana, compuesta por los restantes siete partidos, se enmarca en un espacio aún diferenciado del Gran Buenos Aires, a pesar de las crecientes facilidades de transporte y comunicación que la acercan al principal centro urbano del país.

Sin embargo, más allá de esta diferenciación previa se ha podido comprobar que habría tres estratos de partidos según la dinámica demográfica del período 1980-1991. Esto significa que podría reconocerse un grupo de partidos con un comportamiento intermedio entre las dos situaciones definidas por el vínculo con el área metropolitana.

El rasgo más distintivo para caracterizar la evolución demográfica durante el período es la Tasa de Crecimiento Anual Medio del período intercensal 1980-1991 (TCRC8091). De acuerdo con este indicador se distinguen tres tipos de partidos en el cuadro 2.

Repasando la clasificación presentada, se comprueba que en el Tipo III sólo se encuentran partidos del GBA pertenecientes al segun-

---

[1] Este partido desaparece a partir de 1994 y da lugar a la creación de tres nuevos partidos: Gral. Sarmiento, Malvinas Argentinas y José C. Paz.

do cordón, o bien que expresan zonas de expansión del área metropolitana, ya que no eran consideradas como tales al principio del período. Se trata de partidos con un ritmo de crecimiento superior al doble del valor correspondiente al total del país durante el mismo período.

En el Tipo II se produce la intersección entre partidos ya pertenecientes al GBA (General Sarmiento y Tigre) y otros que corresponden a la subregión extrametropolitana. Más allá de esta distinción, comparten un ritmo de crecimiento relativamente alto si se lo compara con la media nacional, pero de menor impacto que en el grupo anterior.

Cuadro 2
Tipología de partidos de la cuenca del río Luján según Dinámica demográfica entre 1980 y 1991

Tipo I. Crecimiento Bajo o Moderado (menos de 20 por mil anual)

Chivilcoy	5.2
Suipacha	6.3
San Fernando	7.6
Mercedes	7.8
San Andrés de Giles	10.7
Luján	15.3

Tipo II. Crecimiento Alto (entre 20 y 30 por mil anual)

Campana	20.2
Tigre	21.4
General Sarmiento	25.0
Exaltación de la Cruz	27.2

Tipo III. Crecimiento Muy Alto (más de 30 por mil)

Moreno	37.8
General Rodríguez	39.8
Pilar	41.9
Escobar	44.1

El Tipo I reuniría a los partidos con una dinámica menos afectada por la región metropolitana. En ellos se aprecia un ritmo de crecimiento cercano al del total nacional, o bien inferior. Sin embargo, entre estos partidos se encuentra San Fernando, con una innegable inserción tradicional en el GBA. Dadas sus peculiaridades, se lo podría reconocer como un partido de comportamiento atípico en la cuenca del río Luján, puesto que concilia un ritmo de crecimiento bajo con una mayor proximidad a la ciudad de Buenos Aires.

Ahora bien, la clasificación de los partidos según la TCRC8091 es reforzada por otras características que acompañan esta dinámica, según se aprecia en el cuadro 3.1. En primer lugar, el peso relativo del crecimiento vegetativo en el total (CV_T8091) tiene diferencias que se asocian a la tipología inicial. Al respecto, los partidos del Tipo I suelen sostener su expansión en el crecimiento vegetativo, ya que poseen saldos migratorios negativos, o bien de escasa relevancia (con la excepción de Luján).

Contrariamente, los partidos del Tipo III tienen un crecimiento vegetativo que representa alrededor de la mitad del crecimiento total, siendo, en algunos casos, relativamente mayor el aporte del saldo migratorio positivo. En una situación intermedia encontramos a los partidos del Tipo II, donde el saldo migratorio es positivo, pero tiene una presencia menor frente al crecimiento natural.

Cuadro 3.1
Indicadores de crecimiento poblacional y de urbanización entre 1980 y 1991 según partido, cuenca del río Luján

Área	TCRC8091	CV_T8091	TCRU8091	TCV8091	PUR80	PUR91
San Fernando	7,6	1,57	9,3	11,9	95,7	97,4
Tipo I						
Chivilcoy	5,2	1,17	6,4	6,1	81,9	82,9
Suipacha	6,3	2,24	22,8	14,1	61,9	73,5
Mercedes	7,8	1,34	13,5	10,5	81,0	85,9
San Andrés de Giles	10,7	0,91	13,6	9,8	60,1	62,0
Luján	15,3	0,59	11,7	9,0	90,2	86,9
Tipo II						
Campana	20,2	0,67	21,0	13,6	94,8	95,5
Tigre	21,4	0,84	24,1	18,0	96,0	98,8
General Sarmiento	25,0	0,70	25,0	17,5	100,0	100,0
Exaltación de la Cruz	27,2	0,48	25,0	13,1	58,1	56,8
Tipo III						
Moreno	37,8	0,52	41,4	19,7	95,7	99,3
General Rodríguez	39,8	0,49	40,8	15,2	85,8	86,6
Pilar	41,9	0,43	51,6	18,1	84,6	93,3
Escobar	44,1	0,48	51,3	21,0	88,2	94,9

Asociado en menor medida a esta tipología, se presenta el nivel propiamente dicho del crecimiento natural (TCV8091). En líneas generales, hay coincidencia entre la intensidad del crecimiento total y el vegetativo, pero deben contabilizarse, al menos, tres excepciones: Suipacha (con un alto crecimiento natural que se anula por un importante saldo migratorio negativo), Tigre y General Sarmiento (que presentan crecimientos vegetativos muy altos, pero que no son acompañados por saldos migratorios positivos tan marcados como para situarse en el Tipo III).

Tratándose de partidos con dispares niveles de urbanización, debe reconocerse una relación casi perfecta entre el crecimiento total y la tasa de crecimiento de la población urbana (TCRU8091). En efecto, los partidos muestran coincidencia entre el grado de crecimiento total y el de la población urbana, con excepción de Suipacha (donde se produjo un alto crecimiento de la población urbana frente a un bajo crecimiento total).

La región ha sido atravesada por un proceso de urbanización, esto es, un aumento del peso relativo de la población urbana. Esta tendencia sólo ha sido contradicha en dos casos: Luján y Exaltación de la Cruz; además del partido de General Sarmiento, donde se conservó una población totalmente urbana entre las dos fechas (PURB80 y PURB91).

Con respecto a la estructura de edades, también se encuentran rasgos comunes que pertenecen a cada uno de los tipos definidos. De acuerdo con el cuadro 3.2, los partidos con menor crecimiento en el período son aquellos que partieron de los más bajos valores de índice de dependencia potencial (IDP80). En cambio, los de crecimiento muy elevado son aquellos que tenían las mayores cargas sobre su población potencialmente activa.

Como resultado de la variación de la estructura de edades, se aprecia que hacia fines del período los partidos del Tipo I eran los más envejecidos, al tiempo que los pertenecientes al Tipo III eran poblaciones maduras, con excepción de General Rodríguez (donde la PANC91 era superior al 7%).

Cuadro 3.2
Indicadores de estructura de edades entre 1980 y 1991 según partido, cuenca del río Luján

Área	IDP80	PANC91	IDA91	P_H80
San Fernando	58,5	9,1	14,6	3,8
Tipo I				
Chivilcoy	58,2	14,3	23,3	3,4
Suipacha	61,6	11,4	19,5	3,5
Mercedes	58,1	12,0	20,0	3,5
San Andrés de Giles	62,1	12,7	21,8	3,4
Luján	59,7	10,8	17,6	3,7
Tipo II				
Campana	63,2	7,9	13,0	3,9
Tigre	62,6	6,4	10,3	4,1
General Sarmiento	64,5	5,2	8,5	4,2
Exaltación de la Cruz	62,3	9,6	16,0	3,6
Tipo III				
Moreno	69,5	4,9	8,3	4,2
General Rodríguez	66,4	7,8	13,4	3,8
Pilar	69,8	5,3	9,1	4,1
Escobar	68,8	5,5	9,4	4,1

Otra expresión del grado de envejecimiento se confronta mediante el Índice de Dependencia de Ancianos a final del período (IDA91). Según este indicador, los partidos del Tipo II se encuentran en una situación intermedia entre los que deben afrontar una elevada carga (Tipo I) y los que aún tienen una población anciana de menor peso (Tipo III). La única excepción en este estrato intermedio la constituye General Sarmiento (donde aún no se dio un envejecimiento tan acentuado).

Por último, el tamaño medio de los hogares al principio del período (P_H80) tiene una relación débil con la dinámica demográfica expuesta. En efecto, si bien a grandes rasgos los partidos del Tipo I presentan los tamaños de hogar más reducidos, y los del Tipo III son el caso opuesto, debe advertirse que son numerosas las excepciones.

4. Evolución de la pobreza: diferenciales en reducción de NBI

La incidencia de la pobreza medida por la presencia de Necesidades Básicas Insatisfechas (NBI) es una aproximación a las formas más extremas del fenómeno. Por otra parte, al ser una manifestación de aspectos estructurales de la privación de los hogares, suelen tener una evolución descendente aun en contextos de reducción de la economía y aumento de la desigualdad en la distribución de los ingresos.

Por este motivo, no es sorprendente que durante el período 1980-1991 se haya producido un descenso del porcentaje de hogares con NBI en todos los partidos de la cuenca del río Luján. En tal sentido, el análisis se orientará a reconocer diversos ritmos en la reducción de la pobreza, mediante la comparación del índice de cambio relativo aplicado al porcentaje de hogares con NBI (HNBI8091).

La evolución de la incidencia de la pobreza (HNBI8091) durante el período analizado ostenta una importante asociación con el ritmo de crecimiento total (TCRC8091). En efecto, según el cuadro 4.1 los partidos del Tipo I son los que tienen el descenso más marcado del porcentaje de hogares pobres. Asimismo, en este punto se revela la diferencia con el Partido de San Fernando, que presentaba una dinámica demográfica similar a ellos en algunos puntos; con referencia a la reducción de la pobreza, este partido ha sido uno de los que menos avances ha tenido.

Por otra parte, la menor reducción de la incidencia de hogares pobres se dio en los partidos del Tipo II, esto es, los que presentaban un crecimiento alto, pero no tan pronunciado como los del Tipo III. Entre estos últimos, la excepción la constituye Pilar, donde no hubo un descenso tan importante de los hogares con NBI.

La reducción en la incidencia de los hogares con NBI presenta mayor relación con la evolución de la dinámica demográfica, que con la extensión de la pobreza al inicio del período. En tal sentido, se advierte que el porcentaje de hogares con NBI en 1980 (HOGNBI80) presenta una relación errática con respecto a la evolución del indicador en el período. A modo de ejemplo, se encuentra que partidos con incidencias iniciales similares, como Campana y San Andrés de Giles, tuvieron evoluciones marcadamente distintas.

Cuadro 4.1
Indicadores de incidencia de pobreza en hogares
y de crecimiento poblacional entre 1980 y 1991 según partido,
cuenca del río Luján

Área	HOGNBI80	HOGNBI91	HNBI8091	TCRC8091
San Fernando	24,60	19,90	0,81	7,6
Tipo I				
Chivilcoy	13,30	7,70	0,58	5,2
Suipacha	15,80	9,10	0,58	6,3
Mercedes	14,30	9,10	0,64	7,8
San Andrés de Giles	21,80	12,80	0,59	10,7
Luján	16,20	9,60	0,59	15,3
Tipo II				
Campana	21,20	16,20	0,76	20,2
Tigre	28,30	23,00	0,81	21,4
General Sarmiento	30,40	22,60	0,74	25,0
Exaltación de la Cruz	18,20	13,20	0,73	27,2
Tipo III				
Moreno	35,70	23,70	0,66	37,8
General Rodríguez	24,80	17,70	0,71	39,8
Pilar	32,90	25,00	0,76	41,9
Escobar	33,10	22,00	0,66	44,1

Por otra parte, se efectuó un análisis del perfil de las carencias. Dadas las diferencias en cuanto a incidencia global de hogares con NBI, se consideró más apropiado comparar estructuras relativas. En tal sentido, los indicadores específicos de privación, calculados sobre el total de hogares, fueron sustituidos por la participación relativa de dichas carencias, establecida por el cálculo de la prevalencia de cada indicador de privación sobre el total de hogares con NBI.

En cuanto al perfil de las carencias, son pocas las relaciones que pueden establecerse con la reducción de la pobreza durante el período. En principio, según el cuadro 4.2, habría que destacar cierta relación entre la evolución de la pobreza y la participación inicial de los hogares afectados por hacinamiento crítico (HAC80). Al respecto, los partidos de Tipo I tenían, en general, la menor presencia relativa de esta modalidad de privación. Los de Tipo II presentaban niveles intermedios, y los que incluían mayor peso del hacinamiento eran los partidos del Tipo III. Las excepciones a este comportamiento son Luján y General Sarmiento, con niveles de participación relativamente altos en condiciones de hacinamiento para el grupo de pertenencia.

Menos sistemática es la relación que puede establecerse entre la reducción de la pobreza y el nivel inicial de hogares con condiciones sanitarias deficientes (SAN80) en el conjunto de los afectados por las NBI. En tal sentido, habría una tendencia a niveles de participación relativamente bajos en el Tipo I, y a niveles intermedios en el Tipo II, con la excepción de Campana, que presentaba la máxima incidencia relativa de este indicador. En el Tipo III no hay un comportamiento definido, ya que coexisten partidos con alto peso de privación sanitaria (Moreno y Escobar), junto a otro con peso intermedio (Pilar), y aun otro de baja participación (General Rodríguez).

No se encuentran patrones de relación definidos entre el descenso de la pobreza y la participación relativa inicial de carencias por vivienda inconveniente (VIV80), exclusión de la escolaridad (ESC80) o insuficiencia de recursos para la subsistencia (CSU80). Por el contrario, es destacable la asociación entre el cambio relativo en la incidencia de insuficiencia de recursos (CSU8091) y la evolución de los hogares con NBI. La particularidad de esta relación es que se presenta como opuesta. Vale decir que los partidos que menos redujeron la incidencia de pobreza, los del Tipo II, presentan los descensos más marcados en la participación de este indicador. En oposición, los partidos del Tipo I tienen el menor descenso de esta privación, y son los mismos que habían planteado la reducción más importante en la incidencia de la pobreza.

Finalmente, se pueden descartar dos cuestiones que habitualmente se presentan como asociadas directamente a la reducción de la pobreza medida por las NBI: el descenso de la natalidad y las variaciones en la infraestructura. En principio, se observa en el cuadro 4.3 que la reducción de la incidencia de la pobreza (HNBI8091) ha sido, en todos los partidos, de mayor magnitud que el descenso de la tasa bruta de natalidad durante el mismo período (TBN8091). Si en todos los casos hubo una reducción de la proporción de hogares pobres, se encuentra que la natalidad aumentó en cuatro partidos (San Andrés de Giles, General Rodríguez, Pilar y Escobar). Tampoco puede establecerse una relación entre ambas variaciones, por cuanto las reducciones más marcadas de la natalidad se registran en partidos de los tres tipos.

A fin de cotejar los cambios en la infraestructura, se han tomado dos indicadores: el porcentaje de viviendas sin agua corriente (VSAG) y el porcentaje de viviendas sin electricidad (VSEL). En cuanto a las mejoras en redes de agua, se constata que las variaciones han sido de menor magnitud que la reducción de la pobreza. Pero, además de ello, no se encuentra relación entre la evolución de los hogares con NBI y el porcentaje de viviendas sin agua corriente durante el mismo período.

Cuadro 4.2
Indicadores de incidencia de pobreza en hogares,
de crecimiento poblacional y de perfil de carencias entre 1980
y 1991 según partido, cuenca del río Luján

Área	HNBI8 091	TCRC8 091	HAC 80	SAN80	ESC80	VIV80	CSU80	CSU80 91
San Fernando	0,81	7,6	34,96	17,07	10,98	64,23	16,26	0,62
Tipo I								
Chivilcoy	0,58	5,2	27,82	6,02	11,28	21,80	52,63	0,74
Suipacha	0,58	6,3	26,58	10,76	10,76	31,01	41,14	0,61
Mercedes	0,64	7,8	34,27	9,79	9,79	42,66	35,66	0,68
San Andrés de Giles	0,59	10,7	30,73	11,01	8,72	48,17	38,07	0,62
Luján	0,59	15,3	40,12	6,17	8,64	32,10	38,27	0,57
Tipo II								
Campana	0,76	20,2	41,04	18,40	11,32	46,23	25,00	0,49
Tigre	0,81	21,4	38,52	14,49	13,43	58,30	16,96	0,49
General Sarmiento	0,74	25,0	44,08	12,17	14,14	54,61	17,11	0,44
Exaltación de la Cruz	0,73	27,2	35,71	14,84	13,74	28,02	35,71	0,49
Tipo III								
Moreno	0,66	37,8	44,54	16,81	11,48	58,26	15,69	0,51
General Rodríguez	0,71	39,8	44,76	8,47	14,11	49,60	21,77	0,54
Pilar	0,76	41,9	44,98	14,59	13,07	48,63	20,97	0,78
Escobar	0,66	44,1	43,81	16,01	12,69	52,57	16,01	0,57

Tampoco puede hallarse un patrón asociado entre la reducción de la pobreza y el cambio de la incidencia de viviendas carentes de electricidad. Apenas puede advertirse que los partidos del Tipo III, con una reducción moderada de los hogares con NBI, fueron los que tuvieron el cambio más marcado en cuanto a la disminución de esta carencia. Sin embargo, ninguna homogeneidad se puede advertir entre los partidos de los restantes tipos.

Cuadro 4.3
Indicadores de evolución de pobreza en hogares y de cambio en nivel de natalidad y condiciones de infraestructura entre 1980 y 1991 según partido, cuenca del río Luján

Área	HNBI8091	TBN80	TBN8091	VSAG80	VSAG8091	VSEL80	VSEL8091
San Fernando	0,81	23,7	0,86	41,7	0,77	6,5	0,38
Tipo I							
Chivilcoy	0,58	19,1	0,83	51,2	0,85	11,9	0,30
Suipacha	0,58	26,3	0,87	70,1	0,72	19,1	0,38
Mercedes	0,64	21,5	0,91	44,4	0,68	7,7	0,36
San Andrés de Giles	0,59	20,4	1,03	83,4	0,94	20,2	0,43
Luján	0,59	20,8	0,96	70,7	0,95	6,2	0,29
Tipo II							
Campana	0,76	22,8	0,88	37,0	0,52	8,0	0,36
Tigre	0,81	24,3	0,95	75,8	0,90	5,1	0,25
General Sarmiento	0,74	24,6	0,89	97,7	0,93	3,7	0,19
Exaltación de la Cruz	0,73	22,6	1,00	86,9	0,60	13,8	0,25
Tipo III							
Moreno	0,66	26,9	0,90	92,4	0,91	11,4	0,09
General Rodríguez	0,71	22,6	1,12	84,3	0,97	11,7	0,23
Pilar	0,76	24,3	1,02	89,0	0,94	9,1	0,13
Escobar	0,66	26,9	1,03	92,1	0,94	11,3	0,13

5. Conclusiones

Durante el período 1980-1991, los partidos de la cuenca del río Luján han experimentado una reducción de la incidencia de hogares con NBI. En ese mismo lapso, se desarrolló una dinámica demográfica caracterizada por crecimientos de signo positivo en la población total y urbanización; es decir, un aumento del porcentaje de población urbana.

Pero más allá de estas coincidencias generales, la región de la cuenca del río Luján reúne partidos muy heterogéneos, tanto en la intensidad de la reducción de la pobreza como en el ritmo de incremento poblacional. Contrariamente a la distinción que *a priori* podría establecerse entre los partidos más influidos por el área metropolitana del GBA y los restantes, se estableció la existencia de tres tipos de partidos (sin continuidad espacial entre ellos) y un partido atípico (San Fernando), en el que puede presumirse una máxima asimilación a los comportamientos demográficos del núcleo más tradicional del GBA.

Los tipos de partidos fueron delineados sobre la base de la dinámica demográfica, y en tal sentido se reconocieron tres modalidades:

Tipo I: Bajo o moderado crecimiento poblacional. Saldo migratorio negativo o positivo de escasa magnitud. Bajo IDP al inicio del período y Población muy envejecida al final.

Tipo II: Alto crecimiento poblacional. Saldo migratorio positivo, pero de menor gravitación que el vegetativo en el crecimiento total. Valores intermedios de IDP en 1980 y de indicadores de envejecimiento hacia 1991.

Tipo III: Muy alto crecimiento poblacional. Saldo migratorio positivo de fuerte gravitación en el crecimiento total (en algunos, más importante que el crecimiento natural). Elevado nivel de IDP al inicio del período. Población madura (ya que aún no han superado el 7% de población con 65 años o más).

La tipología de partidos según su dinámica demográfica fue un criterio clasificatorio que encontró relación con la reducción de la incidencia de hogares pobres. En tal sentido, se estableció que cada tipo estaba asociado a un grado de reducción del porcentaje de hogares con NBI. El Tipo I tuvo el grado más alto de reducción del porcentaje de hogares con NBI. El Tipo II presentó las menores modificaciones –es decir, la menor reducción del mismo indicador de pobreza–, y el Tipo III representó una situación intermedia.

Los análisis del perfil de la pobreza según el tipo de necesidades insatisfechas no reconocieron muchos vínculos entre las modalidades de pobreza y el ritmo de reducción del porcentaje global. Al menos, se halló que la mayor reducción de los hogares con NBI se vincula con los partidos que iniciaron el período presentando los menores porcentajes relativos de hogares hacinados y de hogares con situación sanitaria deficiente.

Por el contrario, los hogares donde se dio la menor reducción de la incidencia de pobreza fueron aquellos que partieron de altos porcentajes de hogares hacinados y con privaciones en las condiciones sanitarias. Entre estos últimos, la menor reducción de la pobreza coincidió particularmente con las reducciones más marcadas en la incidencia relativa de hogares carentes de recursos para tener una situación de subsistencia.

Por último, se comprobó que las variaciones en la reducción del porcentaje de hogares con NBI no pueden derivarse mecánicamente del descenso en la natalidad. Asimismo, tampoco se verificó que las mejoras en infraestructura urbana, como el acceso al agua corriente y a la electricidad, fueran condicionantes claros para la evolución de los hogares con NBI.

A modo de reflexión final, cabe consignar que si bien los comportamientos sociodemográficos pueden tener un peso decisivo en la determinación de los niveles de pobreza crítica, esta afirmación no puede sostenerse en abstracto. Más bien corresponde enunciar que sólo en situaciones de movilidad estructural neutra o descendente, los comportamientos demográficos pueden erigirse en un escollo para la reducción de la pobreza (Torrado, 1997).

En los últimos años, la Argentina ha adoptado una estrategia de desarrollo aperturista, que ha inhibido la movilidad estructural ascendente. Por tal motivo, cobran mayor relevancia estos apuntes descriptivos sobre ciertas relaciones verificadas entre la dinámica demográfica y la reducción de la pobreza en una región específica de la provincia de Buenos Aires, la cuenca del río Luján, entre 1980 y 1991.

6. Bibliografía

Altimir, O. (1979), *La dimensión de la pobreza en América Latina*, Naciones Unidas, Santiago de Chile, Cuadernos de la CEPAL.

Belatti, C. (1992), *Estudios sociodemográficos: la vivienda y los hogares en los partidos de la* cuenca del río *Luján, provincia de Buenos Aires, 1960-1980*, Universidad Nacional de Luján, Cuadernos de Ciencia y Tecnología N° 3.

Cacopardo, M. C. (1992), *Indicadores sociodemográficos de 14 partidos de la Cuenca de Luján, 1869-1980*, Universidad Nacional de Luján, Cuadernos de Ciencia y Tecnología N° 2.

Cacopardo, M. C., C. Belatti, A. Giusti y M. Ordorica (1989), *Población, vivienda y pobreza en el partido de Luján, 1960-1980*, Universidad Nacional de Luján.

Carvalho, J. A. M. de (1999), "La demografía de la pobreza y el bienestar en América Latina. Desafíos y oportunidades", en Tokman, V. y G. O´Donnell (comps.), *Pobreza y desigualdad en América Latina. Temas y nuevos desafíos*, Buenos Aires, Paidós.

Giusti, A. (1988), "Pobreza", Taller sobre diseño conceptual del Censo Nacional de Población y Vivienda de 1990, INDEC, Buenos Aires, mimeo.

Gómez, A., G. Álvarez, A. Lucarini y F. Olmos (1997), "Las Necesidades Básicas Insatisfechas: sus deficiencias técnicas y su impacto en la definición de políticas sociales", ponencia presentada en el Congreso "Pobres y Pobreza en la Sociedad Argentina", organizado por Universidad Nacional de Quilmes, Buenos Aires.

INDEC (1984), *La pobreza en Argentina*, Buenos Aires, Serie Estudios N° 1.

Kaztman, R. (1996), "Virtudes y limitaciones de los mapas censales de carencias críticas", Santiago de Chile, *Revista de la CEPAL*, N° 58.

Torrado, S. (1990), *Población y desarrollo en la Argentina (en busca de la relación perdida)*, Buenos Aires, Ediciones de la Comisión de Minoridad y Familia del Honorable Senado de la Nación.

——— (1997), "Vivir apurado para morirse joven. Reflexiones sobre la transferencia intergeneracional de la pobreza" en Otero, H. y G. Velásquez (comps.), *Poblaciones argentinas. Estudios de demografía diferencial*, Buenos Aires, Instituto de Estudios Histórico Sociales.

Sen, A. (1992), "Sobre conceptos y medidas de pobreza", *Comercio exterior*, vol. 42, N° 4, México.

7. Anexo estadístico

Porcentaje de hogares con Necesidades Básicas Insatisfechas en 1980 y 1991, por indicadores de privación que posee según área

Área	1980		HAC	VIV	SAN	ESC	CSU
	Hogares con NBI						
	Total	HNBI	%(1)	%(1)	%(1)	%(1)	%(1)
Total GBA (19 partidos)	381.493	21.7	8.5	12.2	2.5	2.6	4.2
Total resto Buenos Aires	187.432	16.9	6.0	6.3	1.9	1.8	5.7
Campana	3.135	21.2	8.7	9.8	3.9	2.4	5.3
Chivilcoy	2.122	13.3	3.7	2.9	0.8	1.5	7.0
Escobar	6.512	33.1	14.5	17.4	5.3	4.2	5.3
Exaltación de la Cruz	650	18.2	6.5	5.1	2.7	2.5	6.5
General Rodríguez	2.099	24.8	11.1	12.3	2.1	3.5	5.4
Luján	2.833	16.2	6.5	5.2	1.0	1.4	6.2
Mercedes	1.969	14.3	4.9	6.1	1.4	1.4	5.1
Pilar	6.696	32.9	14.8	16.0	4.8	4.3	6.9
San Andrés de Giles	1.022	21.8	6.7	10.5	2.4	1.9	8.3
Suipacha	335	15.8	4.2	4.9	1.7	1.7	6.5
General Sarmiento	35.699	30.4	13.4	16.6	3.7	4.3	5.2
Moreno	16.630	35.7	15.9	20.8	6.0	4.1	5.6
San Fernando	8.492	24.6	8.6	15.8	4.2	2.7	4.0
Tigre	14.286	28.3	10.9	16.5	4.1	3.8	4.8

Área	1991						
	Hogares con NBI	HNBI	HAC	VIV	SAN	ESC	CSU
	Total		%(1)	%(1)	%(1)	%(1)	%(1)
Total GBA (19 partidos)	345.352	16.5	6.7	9.2	1.5	0.9	1.8
Total resto Buenos Aires	154.824	11.7	4.8	4.3	1.0	0.7	2.6
Campana	2.995	16.2	7.5	6.9	2.2	1.0	2.0
Chivilcoy	1.352	7.7	2.8	1.4	0.4	0.5	3.0
Escobar	6.789	22.0	10.6	10.9	2.3	1.4	2.0
Exaltación de la Cruz	630	13.2	6.1	4.2	1.3	1.0	2.3
General Rodríguez	2.202	17.7	8.9	7.2	1.2	1.2	2.1
Luján	2.055	9.6	4.6	2.9	0.4	0.9	2.1
Mercedes	1.406	9.1	4.0	2.3	0.6	0.6	2.2
Pilar	7.806	25.0	11.8	9.8	2.4	2.0	4.1
San Andrés de Giles	659	12.8	5.2	4.3	1.1	0.8	3.0
Suipacha	212	9.1	3.4	2.4	0.5	0.8	2.3
General Sarmiento	34.976	22.6	9.6	12.8	2.0	1.2	1.7
Moreno	16.534	23.7	10.7	12.8	2.7	1.4	1.9
San Fernando	7.676	19.9	7.5	12.3	2.7	1.2	2.0
Tigre	14.828	23.0	8.5	14.5	2.3	1.1	1.9

%(1) Sobre el total de hogares particulares en la misma área.

Perfil de privación en 1980 y en 1991 según área

Área	Hogares con NBI	1980					
	Total	HNBI	HAC %(2)	VIV %(2)	SAN %(2)	ESC %(2)	CSU %(2)
Total GBA (19 partidos)	381493	21.7	39.2	56.2	11.5	12.0	19.4
Total resto Buenos Aires	187432	16.9	35.5	37.3	11.2	10.7	33.7
Campana	3135	21.2	41.0	46.2	18.4	11.3	25.0
Chivilcoy	2122	13.3	27.8	21.8	6.0	11.3	52.6
Escobar	6512	33.1	43.8	52.6	16.0	12.7	16.0
Exaltación de la Cruz	650	18.2	35.7	28.0	14.8	13.7	35.7
General Rodríguez	2099	24.8	44.8	49.6	8.5	14.1	21.8
Luján	2833	16.2	40.1	32.1	6.2	8.6	38.3
Mercedes	1969	14.3	34.3	42.7	9.8	9.8	35.7
Pilar	6696	32.9	45.0	48.6	14.6	13.1	21.0
San Andrés de Giles	1022	21.8	30.7	48.2	11.0	8.7	38.1
Suipacha	335	15.8	26.6	31.0	10.8	10.8	41.1
General Sarmiento	35699	30.4	44.1	54.6	12.2	14.1	17.1
Moreno	16630	35.7	44.5	58.3	16.8	11.5	15.7
San Fernando	8492	24.6	35.0	64.2	17.1	11.0	16.3
Tigre	14286	28.3	38.5	58.3	14.5	13.4	17.0

Área	1991						
	Hogares con NBI	HNBI	HAC %(2)	VIV %(2)	SAN %(2)	ESC %(2)	CSU %(2)
	Total						
Total GBA (19 partidos)	345352	16.5	40.6	55.8	9.1	5.5	10.9
Total resto Buenos Aires	154824	11.7	41.0	36.8	8.5	6.0	22.2
Campana	2995	16.2	46.3	42.6	13.6	6.2	12.3
Chivilcoy	1352	7.7	36.4	18.2	5.2	6.5	39.0
Escobar	6789	22.0	48.2	49.5	10.5	6.4	9.1
Exaltación de la Cruz	630	13.2	46.2	31.8	9.8	7.6	17.4
General Rodríguez	2202	17.7	50.3	40.7	6.8	6.8	11.9
Luján	2055	9.6	47.9	30.2	4.2	9.4	21.9
Mercedes	1406	9.1	44.0	25.3	6.6	6.6	24.2
Pilar	7806	25.0	47.2	39.2	9.6	8.0	16.4
San Andrés de Giles	659	12.8	40.6	33.6	8.6	6.3	23.4
Suipacha	212	9.1	37.4	26.4	5.5	8.8	25.3
General Sarmiento	34976	22.6	42.5	56.6	8.8	5.3	7.5
Moreno	16534	23.7	45.1	54.0	11.4	5.9	8.0
San Fernando	7676	19.9	37.7	61.8	13.6	6.0	10.1
Tigre	14828	23.0	37.0	63.0	10.0	4.8	8.3

%(2) Sobre el total de hogares con NBI en la misma área.

Capítulo III
Situación sociohabitacional y morbilidad asistida en la ciudad de Luján

María del Rosario Cruz

1. Consideraciones preliminares

El estudio de la distribución espacial de las enfermedades en el ámbito urbano constituye una preocupación reciente en los países centrales, y resulta ser de carácter incipiente en la Argentina.

Las ciudades de tamaño intermedio en la Argentina han experimentado el mayor crecimiento de la población desde mediados del siglo XX (Vapñarsky y Gorojovsky, 1990). Al mismo tiempo, ante el desfasaje de inversiones necesarias por parte de las administraciones municipales, son las que manifiestan las mayores problemáticas ambientales y de saneamiento.

El desarrollo de esta investigación implica la realización de una regionalización sociohabitacional de la ciudad de Luján y el análisis espacial de la distribución de enfermedades o morbilidad asistida en una escala intraurbana. Desde un punto de vista metodológico, su concreción pretende plantear un procedimiento estándar de factible aplicación en estudios comparativos que consideren otras ciudades de tamaño intermedio de nuestro país. En este sentido, la ciudad de Luján es abordada desde una doble perspectiva: como objeto de estudio, a través de una problemática poblacional, y como modelo social para la aplicación de procedimientos de escasa tradición en el país. En este sentido, el estudio no sólo contempla una instancia de síntesis diagnóstica, sino también la posterior transferencia de los resultados al Municipio, como información de base que pueda ser utilizada por la Dirección de Medicina Preventiva en la formulación de políticas de salud que consideren no sólo variables numéricas, sino principalmente la distribución espacial de las situaciones sociohabitacionales y las relaciones y correlaciones espaciales de las variables intervinientes.

En síntesis, la finalidad principal de esta investigación implica generar una síntesis diagnóstica de la relación sociedad/salud/ambiente urbano, que descubra las relaciones multivariadas entre aspectos sociodemográficos, económicos y educativos y la distribución espacial de dolencias, con la posterior transferencia de un informe a los organismos de gestión municipal, para que puedan disponer de información de base que posibilite una gestión más eficiente de la "distribución de la salud" en el área de estudio.

La metodología a seguir con respecto a la utilización de los datos censales implicó:

- La selección de las variables de interés que permitieron caracterizar sociohabitacional y ambientalmente el área de estudio.
- La aplicación del procedimiento de *ajuste difuso* a los datos censales, a nivel de radio y fracción, para ser adaptados a nivel de barrio.
- La sistematización de información alfanumérica en bases de datos computacionales a través del empleo de una planilla de cálculo.
- La aplicación del procedimiento *linkage analysis*, de regionalización y correlación espacial, de amplio uso en geografía para la obtención de regionalizaciones como tipologías espaciales multivariadas.

2. Caracterización espacio-temporal del trabajo

2.1. Definición del área de estudio

El área de estudio definida en el presente trabajo corresponde a la ciudad de Luján, dividida en 33 barrios (figura 1.1): 1. Ameghino; 2.

Americano; 3. Centro; 4. Champagnat; 5. Constantini; 6. 12 de Abril; 7. El Ceibo; 8. El Milagro; 9. El Mirador; 10. El Trébol; 11. Estación Basílica; 12. Hostería San Antonio; 13. Juan XXIII; 14. La Loma; 15. Lanusse; 16. Los Gallitos; 17. Luna; 18. Padre Varela; 19. Parque Esperanza; 20. Parque Lasa; 21. San Bernardo; 22. San Cayetano; 23. San Emilio; 24. San Fermín; 25. San Jorge; 26. San Juan de Dios; 27. San Pedro; 28. Santa Elena; 29. Santa Marta; 30. Sarmiento; 31. Serafín; 32. Villa del Parque; 33. Zapiola.

Figura 1.1
Ciudad de Luján. Barrios del área urbana

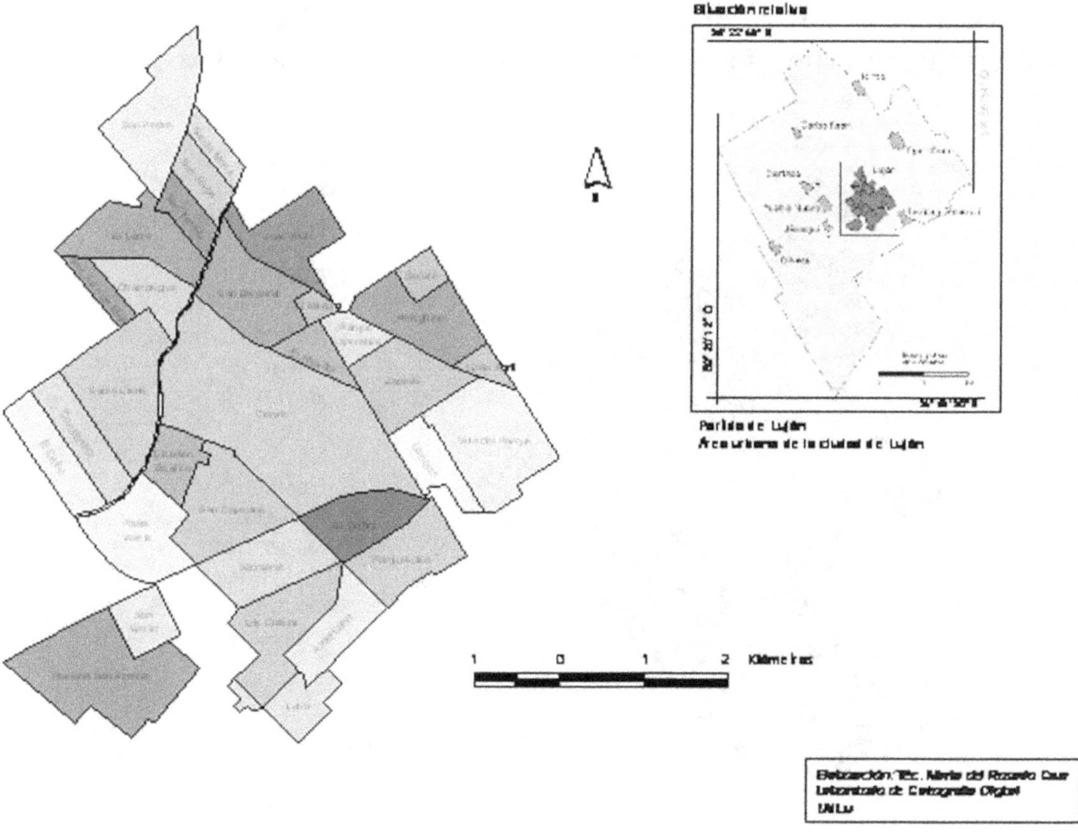

De acuerdo con las definiciones oficiales de *fracción* y *radio* censales urbanos, el Instituto Nacional de Estadística y Censos (INDEC) establece que el área de estudio se encuentra distribuida espacialmente en cinco fracciones censales urbanas, conformadas por 43 radios censales urbanos.[2]

Debido a que la información alfanumérica oficial fue obtenida a nivel de fracción censal, y los datos relativos a la salubridad de la población fueron obtenidos a nivel de barrio –a través de la Dirección de Medicina Preventiva de la Municipalidad de Luján, en 11 Centros Periféricos de Atención Primaria localizados en 11 barrios del área de estudio (figura 1.2)–, se realizó un ajuste difuso de la información a fin de poder utilizarla a nivel de barrio.

Figura 1.2
Ciudad de Luján. Área urbana. Centros Periféricos de
Atención Primaria de Salud. Principales vías de acceso

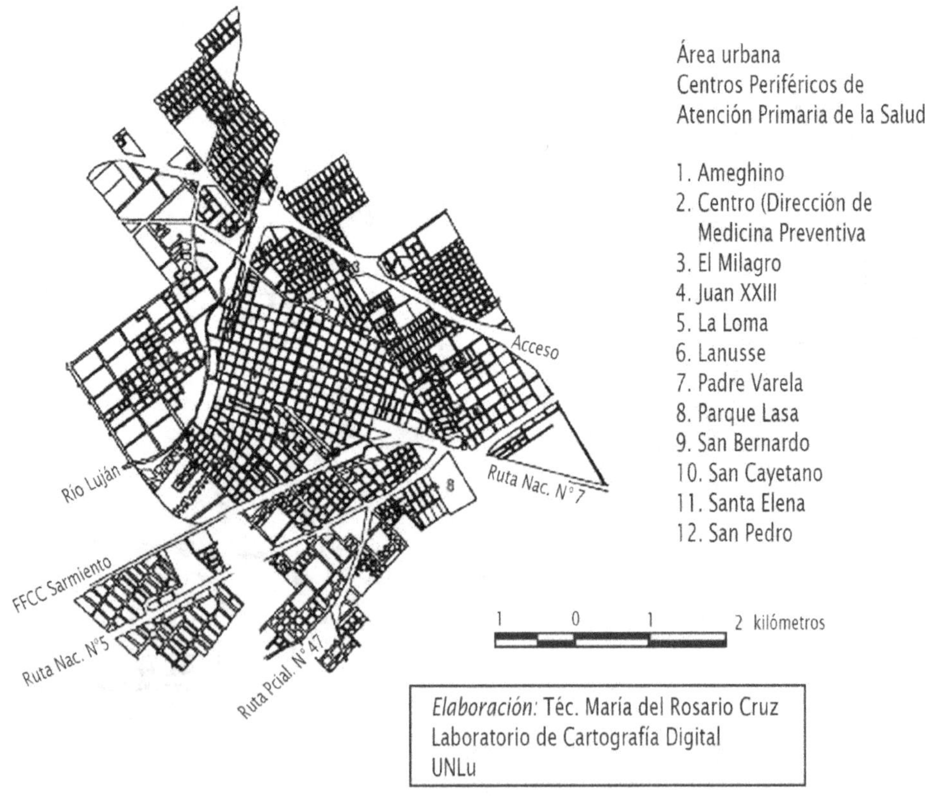

Elaboración: Téc. María del Rosario Cruz
Laboratorio de Cartografía Digital
UNLu

---

[2] El INDEC define la *fracción censal* como la división territorial de un departamento o partido que contiene entre 3.000 y 5.000 viviendas agrupadas. Asimismo, el *radio censal urbano* es definido como la división territorial de la fracción que contiene entre 200 y 400 viviendas.

2.2. Definición del espacio temporal

El presente estudio, de carácter integrador, se encuentra caracterizado por una perspectiva transversal que permitirá analizar la morbilidad asistida del área urbana de la ciudad de Luján durante el año 2000. Esto implica que los datos censales utilizados en la regionalización socio-habitacional corresponden al Censo Nacional de Población y Vivienda 1991 –último censo, cuyos resultados se encuentran publicados–; mientras que los datos relativos a las patologías diagnosticadas en el área de estudio corresponden al año 2000. El entrecruzamiento de los datos mencionados posibilitará detectar y evidenciar la configuración espacial de la morbilidad asistida en el ámbito público.

3. Regionalización sociohabitacional del área urbana de la ciudad de Luján

3.1. Aplicación de la técnica de ajuste difuso

Como se ha mencionado, de la totalidad de fracciones que cubren la superficie del Partido de Luján –completan una cantidad de diez–, sólo fueron consideradas cinco de ellas, integradas por 43 radios censales. Estas unidades de relevamiento corresponden, según definiciones de la Dirección de Estadística de la Provincia de Buenos Aires (DPE-PBA), al área urbana de la ciudad de Luján, espacio geográfico considerado como área de estudio.

Previamente a la confección de la matriz de datos originales, datos iniciales imprescindibles para llevar a cabo el procedimiento de regionalización, fue necesario implementar un procedimiento de índole geográfica denominado *ajuste difuso*.[3] Éste constituye una operación de suma importancia, que posibilita la adaptación de datos relevados en

---

[3] El ajuste difuso constituye una operación que posibilita la adaptación de los datos censales, relevados en una unidad espacial determinada, a las unidades espaciales/experimentales de interés. El criterio utilizado corresponde a la proporcionalidad de áreas y supone una distribución homogénea de la población (Velázquez, 2001).

una unidad espacial determinada a la unidad espacial de interés. Entre los distintos criterios de los que dispone el ajuste difuso se encuentra el de proporcionalidad de áreas. Éste implica partir del supuesto que considera una distribución relativamente homogénea de la población, por lo que la población asignada a la unidad espacial de interés depende de la proporcionalidad de superficie correspondiente.

Por lo tanto, en este trabajo, según este criterio, se supone que la distribución de la población del área urbana de la ciudad de Luján es relativamente homogénea. Esto implica asignar a la unidad espacial de interés (el barrio) el mismo porcentaje de población que el porcentaje de la superficie que dicha unidad ocupa en el radio censal.

El ajuste difuso constituyó una herramienta eficaz para adecuar los datos censales (a nivel de radio) a los barrios, unidades espaciales que debieron ser consideradas debido a que los datos relativos a la salubridad de la población fueron relevados a nivel barrial.

Estandarización y agrupamiento de variables

El procedimiento de regionalización sociohabitacional exigió la sistematización de datos censales inéditos, relevados en el Censo Nacional de Población y Vivienda 1991.[4] Las 19 variables consideradas contemplan los aspectos demográfico, educativo y habitacional. Éstas son:

- Población Total (POB_TOT).
- Población entre 15 y 64 años (POB_1564).
- Población mayor de 64 años (POB_64).
- Índice de Masculinidad (IND_MASC).

---

[4] Al momento de la presentación del trabajo, la única publicación correspondiente al Censo Nacional de Población, Hogares y Vivienda 2001 corresponde a resultados provisionales para el total del país. Incluye datos generales como población total, varones, mujeres, índice de masculinidad, hogares, instituciones colectivas, población en hogares y población en instituciones colectivas. Los datos son para el país, provincias, partidos/departamentos y la Ciudad Autónoma de Buenos Aires. La programación establecida para la publicación de la información puede consultarse en <http://www.indec.mecon.gov.ar>.

- Necesidades Básicas Insatisfechas (NBI_POB).
- Máximo nivel educativo alcanzado: Primario completo (PRIM_COM).
- Máximo nivel educativo alcanzado: Secundario completo (SEC_COM).
- Máximo nivel educativo alcanzado: Terciario o universitario completo (TER_COM).
- Régimen de tenencia de la vivienda: Propietario (RTV_PROP).
- Régimen de tenencia de la vivienda: Inquilino o a préstamo (RTV_INQU).
- Tipo de vivienda: habitantes en casas (HAB_CASA).
- Tipo de vivienda: habitantes en departamentos (HAB_DEP).
- Tipo de vivienda: habitantes en ranchos (HAB_RANC).
- Tipo de vivienda: habitantes en pensiones (HAB_PENS).
- Habitantes con agua por red (AGUA_RED).
- Habitantes con agua extraída con bombeador eléctrico (AGUA_MOT).
- Habitantes con agua extraída con bombeador manual (AGUA_MAN).
- Habitantes con descarga a red cloacal (DESC_RED).
- Habitantes con descarga a pozo o cámara séptica (DESC_POZ).

Con respecto a las unidades espaciales, fueron utilizadas cinco fracciones de un total de diez, que cubren la superficie del Partido de Luján, integradas por 43 radios censales.

En una instancia inicial, fue confeccionada una matriz de datos originales, de dimensión 43 x 19. Luego, a partir de la aplicación de la técnica de ajuste difuso de información, fue construida una matriz de datos originales subsiguiente, cuyas unidades espaciales son los 33 barrios que constituyen el área de estudio. Por lo tanto, la matriz de datos originales resultante posee una dimensión 33 x 19. La matriz de porcentajes e índices obtenida debió ser transformada con la finalidad de hacer que las variables fueran perfectamente comparables. Esto implicó reemplazar los porcentajes e índices por los correspondientes puntajes estándar (z):

[1] $\quad Z_i = (\xi_i - \mu)/\sigma;$

donde x_i es el valor que la variable asume en la unidad espacial de rango i, m la media de la variable y s el desvío estándar. Esto significa que para todos los valores z en la unidad espacial de rango, i es el valor de las desviaciones estándar con respecto a m, siendo $\mu = 0$ y $\sigma = 1$.

Esta matriz de puntajes estándar constituye la información base sobre la cual fueron aplicados los procedimientos de análisis multivariado.

4. Resultados

A partir de la correlación de las variables y la aplicación del método *Mc Quitty*, se obtuvieron cinco agrupamientos caracterizados por lo siguiente:

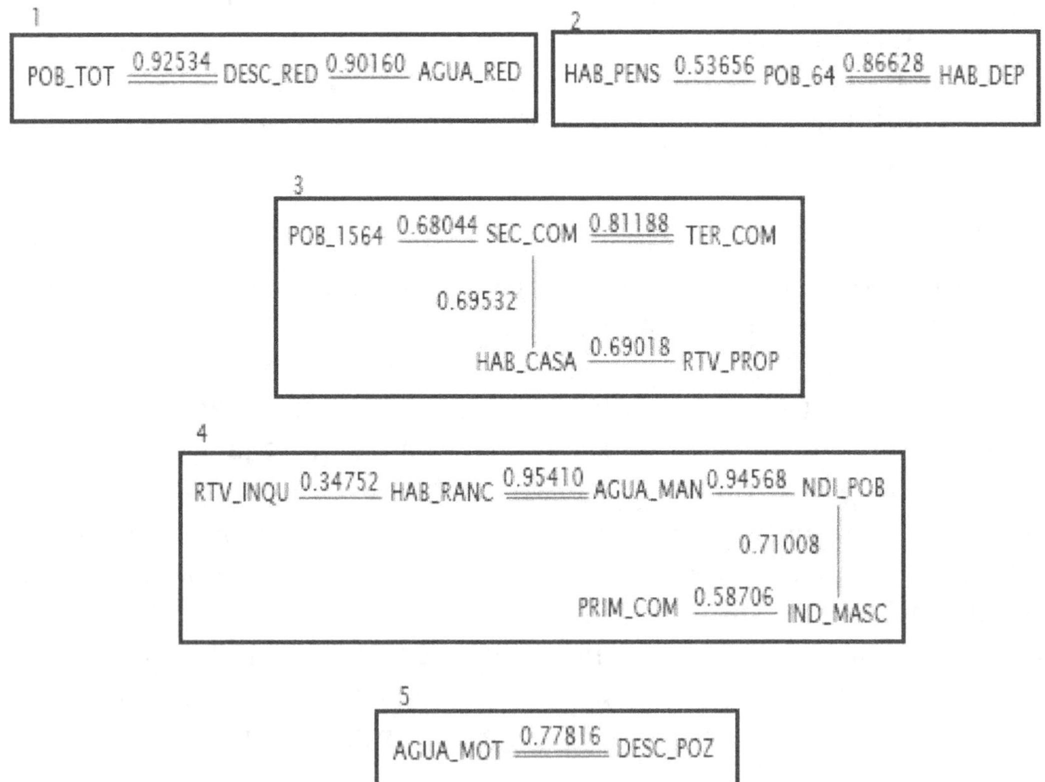

Luego de una posterior correlación, los agrupamientos resultaron en tres macrovariables:

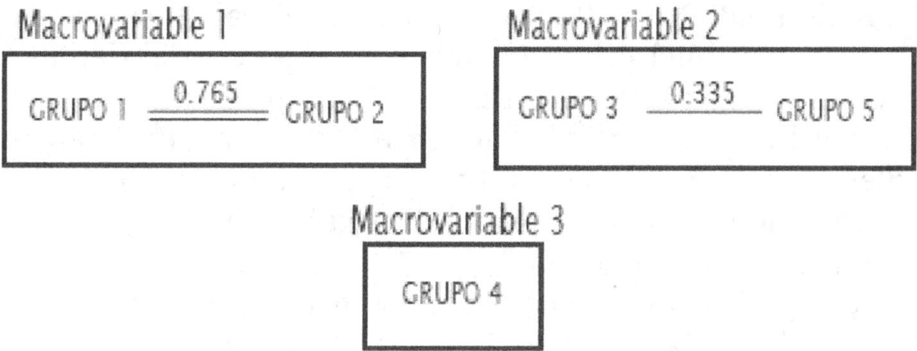

La distribución de estas macrovariables se observa en los siguientes mapas:

Figura 2.1
Distribución de la Macro variable 1

La macrovariable 1 está compuesta por los grupos 1 y 2. Éstos constituyen el núcleo, con un alto valor de correlación (r = 0.765). Ambos grupos se asocian a las variables POB_TOT, DESC_RED, AGUA RED, HAB_PENS, POB_64 y HAB_DEP, variables que manifiestan una distribución localizada en la zona central del área de estudio (Centro y barrios contiguos). El grupo 3, compuesto por variables que caracterizan tanto al Centro como a algunos barrios de la periferia, también se encuentra asociado, aunque con un valor de correlación inferior (r = 0.382) de escasa significatividad. Con lo cual, las variables POB_1564, SEC_COM, TER_COM, HAB_CASA y RTV_PROP tienden a vincularse débilmente con el grupo 1. El grupo 5, conformado por las variables AGUA_MOT y DESC_POZ, posee un valor aún más bajo (r = 0.335), por lo que también resulta ser una débil asociación. Este último grupo posee variables que caracterizan la periferia del área de estudio. Debido a esto, se contempla como Macrovariable 1 la unión de los grupos 1 y 2, y como Macrovariable 2 (figura 2.2) a los grupos 3 y 5.

En rasgos generales, la macro variable 1 asume las características más favorables del área de estudio. El Centro es la unidad espacial que manifiesta mayor valor de especificidad, lo cual indicaría una fuerte presencia de la macrovariable mencionada.

Los valores altos están representados en los barrios San Cayetano, Estación Basílica y Santa Elena. Los valores medios más significativos se encuentran en los barrios El Mirador, Sarmiento y Parque Lasa. Son negativos los restantes, lo cual indicaría una menor presencia de las características de la macrovariable 1. Los barrios Los Gallitos, Ameghino, Santa Marta, San Jorge, Luna, Villa del Parque, Serafín y 12 de Abril asumen valores bajos de especificidad, con lo cual es posible inferir una escasa vinculación con las características que definen las variables que predominan en la macrovariable 1.

Figura 2.2
Distribución de la Macrovariable 2

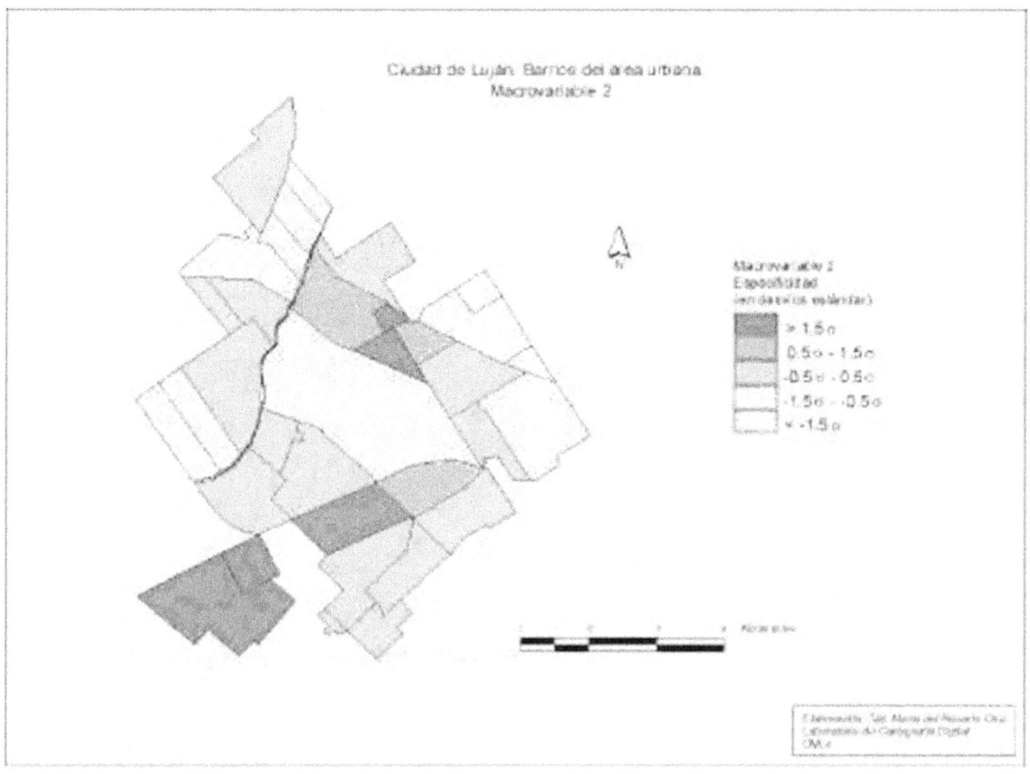

Con respecto a la Macrovariable 2, los barrios que se destacan son Hostería San Antonio, San Emilio, El Milagro, Sarmiento, El Mirador, cuyos valores de especificidad los vinculan con una configuración de variables asociada a una situación sociohabitacional media. Algunas de las unidades espaciales que poseen valores medios en la Macrovariable 1 presentan, ahora, una especificidad alta. Es el caso de los barrios San Bernardo, El Trébol y Parque Esperanza. Los barrios El Ceibo, Constantini, Villa del Parque, Centro, La Loma, San Fermín, Santa Marta y San Jorge poseen valores bajos y expresan escasa presencia de las variables que configuran la Macrovariable 2. Los barrios 12 de Abril, Serafín y Ameghino, cuyos valores son muy bajos, resultarían excluidos de las situaciones sociohabitacionales más favorables del área de estudio, según la configuración de variables de fuerte presencia en las macrovariables 1 y 2.

Figura 2.3
Distribución de la Macrovariable 3

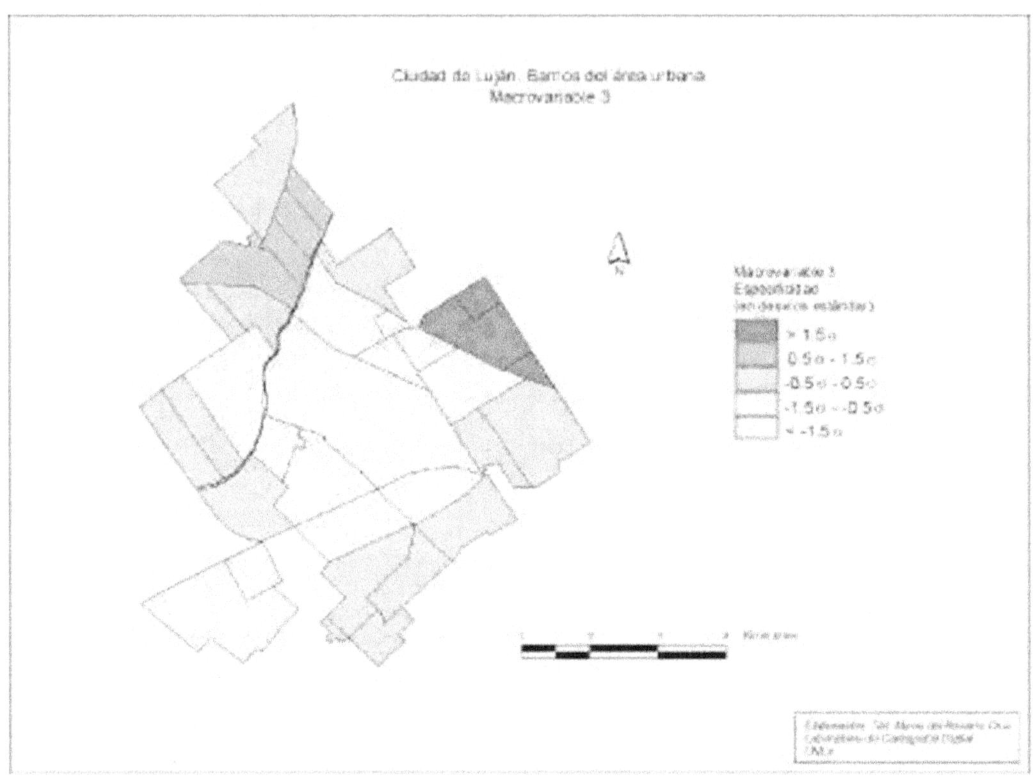

Por último, la Macrovariable 3 (figura 2.3), constituida por el grupo 4 –el cual está integrado por las variables HAB_RANC y AGUA_MAN– posee valores de correlación negativos, que expresan la ausencia de asociación con respecto al resto de los grupos. Estas variables caracterizan a los barrios que se localizan en el extremo de la periferia, con una configuración espacial opuesta a las variables de los grupos 1, 2, 3 y 5. Los barrios Serafín, Ameghino y 12 de abril asumen valores muy altos, por lo que es posible inferir una fuerte presencia de las variables que configuran la Macrovariable 3, la cual describe una condición sociohabitacional más adversa o desfavorable. Los barrios Santa Marta, San Fermín, San Jorge y La Loma, periféricos, presentan valores de especificidad significativos. El resto de los valores resulta de poca significatividad en el contexto de la Macrovariable 3: los barrios Zapiola, Santa Elena, Hostería San Antonio, San Emilio, Estación Basílica, San Bernardo, Sarmiento, San Cayetano, El Trébol, Parque Esperanza, El Milagro, El Mirador y Centro poseen valores bajos de especificidad, expresando escasa vinculación con la configuración de variables que define la Macrovariable 3.

A partir de la especificidad de las macrovariables, fue elaborada la cartografía que permite observar la configuración espacial que asumen en el área de estudio. En el caso de la Macrovariable 3, la especificidad resultante coincide con la especificidad calculada para el grupo 4.

A partir del análisis de esta cartografía, es posible afirmar que en la Macrovariable 1 existe un claro predominio del Centro y algunos barrios contiguos. En la Macrovariable 2 se destacan las unidades espaciales también contiguas al Centro, que conforman un primer anillo en torno a él. En la Macrovariable 3 se destacan las unidades espaciales localizadas en un segundo anillo de la extrema periferia.

De la misma manera se procedió con las unidades espaciales, obteniendo en una primera instancia los siguientes agrupamientos:

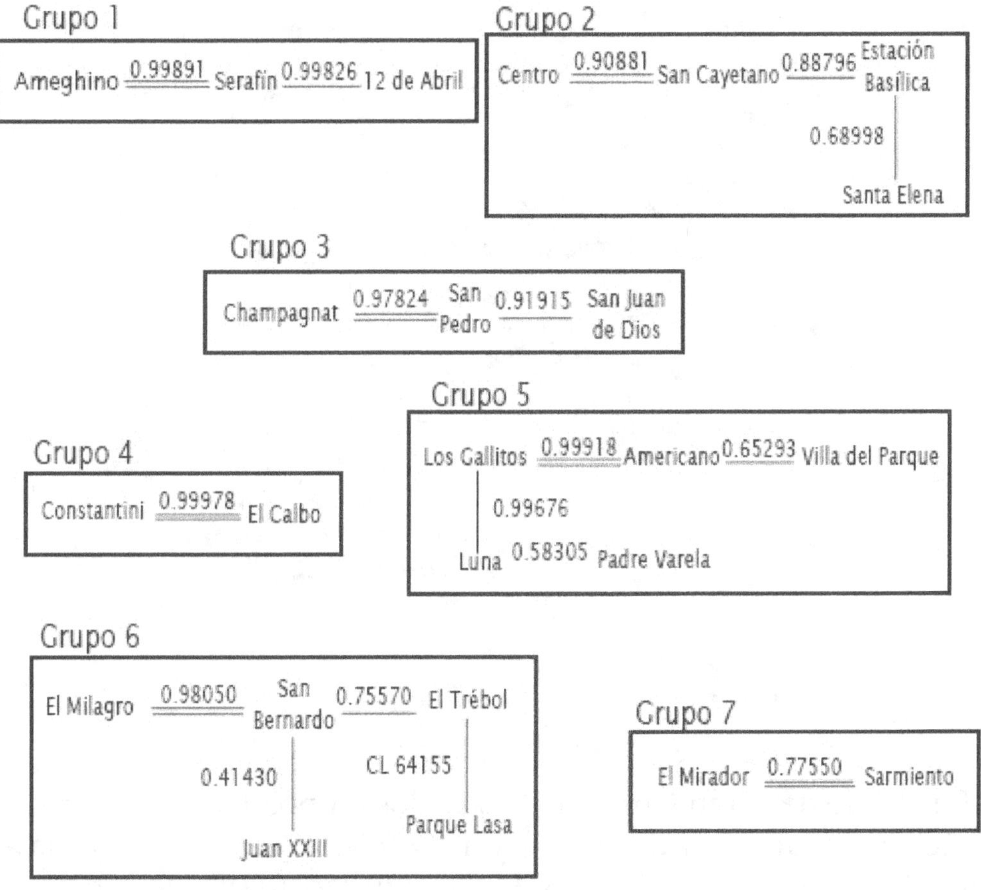

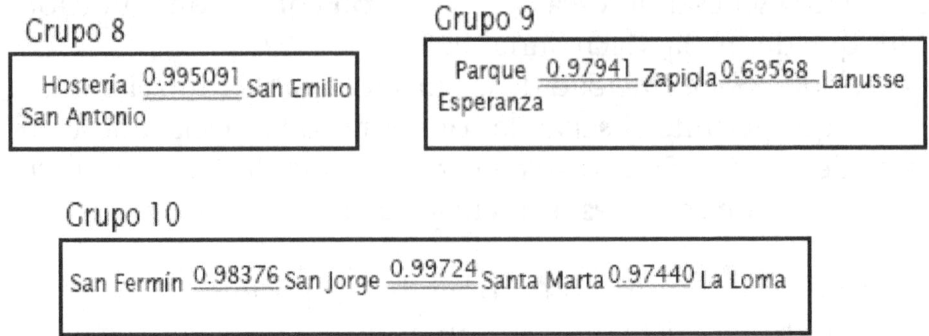

Figura 3
**Regiones sociohabitacionales de la ciudad de Luján
(grandes grupos)**

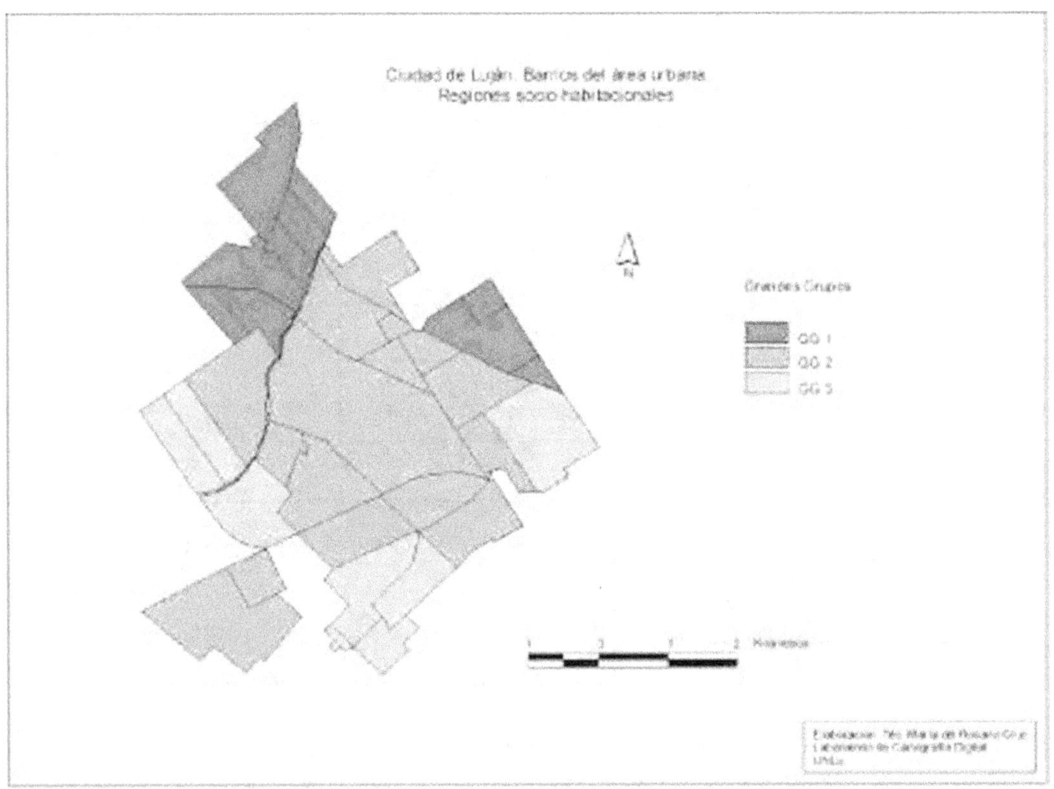

En el caso del Gran Grupo 1 (GG 1), los grupos 1 y 10 conforman el núcleo con un valor de asociación r = 0.841. A éstos se vincula el grupo 3, con un valor r = 0.586. El GG 2 posee un núcleo integrado por los grupos 7 y 6, cuyo valor es 0.739. A éste se asocia el grupo 9 con un valor r = 0.657, y los grupos 2 y 8 se asocian al núcleo con valores inferiores r = 0.397 y r = 0.494, aunque aún significativos. El GG 3 está integrado por el par recíproco que componen los grupos 4 y 5, con un valor r = 0.702. La localización geográfica de estos grandes grupos se observa en la figura 3, en la cual se detecta el GG 1 hacia el N de la ciudad, caracterizado por el predominio de las variables HAB_RANC, AGUA_MAN, NBI_POB, IND_MASC, RTV_INQU, HAB_PENS, con valores de especificidad altos, y PRIM_COM con un valor significativo positivo medio. Estas variables configurarían una situación sociohabitacional desfavorable. El GG 2 se localiza en el centro del área de estudio y hacia el extremo SO, caracterizado por las variables SEC_COM, HAB_CASA, TER_COM, RTV_PROP y AGUA-MOT, con valores altos, y POB_64, DESC_POZ, POB_1564, con valores significativos positivos medios. Esto indicaría que la situación sociohabitacional es favorable, presentando mayores beneficios para la comunidad. En este caso, se esperaría la influencia de variables como AGUA_RED y DESC_RED, características de la infraestructura de servicios de áreas centrales. Sin embargo, los valores de especificidad que las mismas asumen son positivos medios, aspecto posiblemente atribuible a la heterogeneidad de unidades espaciales que contiene. En este sentido, los barrios contiguos al Centro de la ciudad de Luján presentarían ciertas características similares a éste, y otras con predominio en áreas más periféricas. El GG 3 posee una situación sociohabitacional intermedia –siempre con respecto a los Grandes Grupos 1 y 2–, caracterizada por las variables PRIM_COM, IND_MASC, HAB_CASA, RTV_PROP, NBI_POB, donde el valor de la variable educativa es mayor al que asume en el GG 1: el tipo de vivienda predominante sería la casa –no el rancho, como ocurre en el GG 1–; el régimen de tenencia destacaría la condición de propietario –ya no de inquilino o a préstamo, como en el GG 1–; y el nivel de necesidades básicas insatisfechas sería inferior al detectado en el gran grupo mencionado. En el caso de la variable AGUA_MAN, adquiere un valor positivo medio inferior al GG 1 y superior al GG 2. Sin embargo, en cuanto a la variable AGUA_MOT, asume un valor mayor al que ésta adquiere en los GG 1 y 2.

Para finalizar, la salida a campo constituyó una herramienta de suma utilidad, implementada con la finalidad de verificar en el terreno los resultados obtenidos. Esto permitiría evaluar el nivel de ajuste de los datos empleados en la regionalización, con respecto a la realidad del área de estudio y a la eficiencia de las técnicas de *linkage analysis* utilizadas en la regionalización (el relevamiento de campo y las fotografías correspondientes se encuentran expuestos en el trabajo completo).

5. Caracterización de la morbilidad asistida en el área urbana de la ciudad de Luján

5.1. Recolección y sistematización de los datos de salud

El relevamiento de los datos de morbilidad correspondientes al año 2000, relativos al área de estudio, fue llevado a cabo en la Dirección de Medicina Preventiva de la Municipalidad de Luján. Esta dependencia municipal facilitó las planillas de diagnósticos pertenecientes a cada uno de los 12 centros de atención primaria contemplados en este trabajo (figura 1.2). Estas planillas son habitualmente utilizadas por los profesionales de la salud para asentar aspectos como la identidad, edad, patología diagnosticada, lugar de residencia y disponibilidad de cobertura social de los pacientes atendidos mensualmente en los distintos servicios. Cada centro de atención brinda los servicios de Pediatría y Clínica Médica. En algunos casos, se prestan, además, los servicios de Obstetricia, Dermatología, Psicología y Fonoaudiología.

5.2. Confección de la matriz de diagnósticos

El primer análisis de las planillas de diagnósticos provocó la necesidad de elaborar una nueva matriz que contemplara el diagnóstico asentado, la edad del paciente y lugar de residencia, con la finalidad de hallar un código de denominación común, reordenar los datos y sistematizarlos.

5.3. Codificación de los datos de salud

En el caso de las patologías diagnosticadas, debieron ser clasificadas bajo un código común denominado Código Internacional de

Enfermedades, que en su décima versión incluye tres volúmenes. El primero de ellos contiene definiciones relativas a cuestiones clínicas vinculadas a la mortalidad y morbilidad, y aspectos relacionados con la nomenclatura del código. El segundo volumen contiene las instrucciones de uso e información histórica sobre las distintas versiones desarrolladas desde 1893. Por último, el tercer volumen presenta un índice alfabético de términos comúnmente utilizados como diagnósticos, sinónimos de los términos oficialmente aceptados.[5]

El procedimiento de clasificación de los diagnósticos requirió la utilización del último volumen mencionado, procedimiento que por momentos se vio alterado debido a la dificultad para interpretar la caligrafía de los médicos, a la imposibilidad de hallar el diagnóstico registrado en el índice de códigos, o a la ausencia de datos. Estas cuestiones fueron resueltas recurriendo a la consulta de profesionales capaces de interpretar los términos empleados y de hallar sinónimos listados en el índice de códigos.

5.4. Procedimiento aplicado a los datos de salud

5.4.1. *Confección de matrices de diagnósticos*

Luego de finalizada la clasificación, ya bajo una nomenclatura común, los diagnósticos fueron agrupados en once tipos teniendo en cuenta las categorías de edad –menores de 15 años y mayores de 15 años– (según definiciones contempladas en el CIE 10):

> I. Enfermedades infeccioso-parasitarias.
> II. Enfermedades de la sangre.
> III. Trastornos mentales.
> IV. Enfermedades neurológicas.
> V. Enfermedades del ojo.
> VI. Enfermedades del oído.
> VII. Enfermedades circulatorias.
> VIII. Enfermedades respiratorias.
> IX. Enfermedades digestivas.

---

[5] The International Statistical Classification of Diseases and related Health problems (1999), tenth revision (ICD 10).

X. Enfermedades de la piel/subcutáneas.
XI. Enfermedades osteomusculares.

Se consideraron los trimestres enero-febrero-marzo (EFM); abril-mayo-junio (AMJ); julio-agosto-septiembre (JAS) y octubre-noviembre-diciembre (OND). Por lo tanto, las patologías diagnosticadas fueron agrupadas según el tipo y el trimestre durante el cual fueron detectadas. Finalmente, resultaron ocho matrices de dimensión 33 x 11 (barrios por tipos de patologías).

5.4.2. *Estandarización de las matrices*

De la misma manera en que se hicieron comparables las variables intervinientes en la caracterización de la situación sociohabitacional, los puntajes estándar fueron obtenidos mediante la aplicación de [1], realizándose la cartografía correspondiente (85 mapas de los 11 tipos de patologías, por categoría de edad y trimestre).

6. Relación entre las condiciones sociohabitacionales y la morbilidad. Resultados

6.1. *Confección de la matriz de correlaciones entre la situación sociohabitacional y las patologías*

En esta instancia del trabajo, el objetivo consistió en hallar la vinculación existente entre la condición sociohabitacional y las patologías detectadas. Para ello, fue confeccionada la matriz de correlaciones entre las macrovariables definidas y las patologías diagnosticadas durante el año 2000. Como resultado, se obtuvieron ocho matrices –cuatro para la categoría *menores de 15 años* y cuatro para la categoría *mayores de 15 años*, durante los trimestres EFM, AMJ, JAS, OND.

6.2. *Interpretación de los resultados obtenidos*

Para el trimestre EFM en los individuos menores de 15 años, las patologías infeccioso-parasitarias, de la sangre, del ojo, del oído, respiratorias, digestivas, de la piel/subcutáneas y osteomusculares se relacionan más significativamente con la Macrovariable 1 (MV

1) –de condiciones sociohabitacionales favorables–. Mientras que los trastornos mentales y las enfermedades neurológicas se destacan con relación a la Macrovariable 2 (MV 2) –de condiciones sociohabitacionales medias–. En el caso de la Macrovariable 3 (MV 3) –de condiciones sociohabitacionales desfavorables–, las patologías asumen valores de correlación negativos, poco significativos en el contexto de los valores hallados. Con respecto a los individuos mayores de 15 años, para el mismo trimestre, las condiciones favorables (MV 1) se relacionan con las enfermedades del ojo, del oído, circulatorias, digestivas y de la piel/subcutáneas, todas con valores medios. En la Macrovariable 2 –de condiciones medias–, las patologías destacadas son las infeccioso-parasitarias y los trastornos mentales, también con valores medios positivos. La Macrovariable 3 asume valores significativos con relación a las enfermedades de la sangre, neurológicas, respiratorias y osteomusculares, todas vinculadas a condiciones sociohabitacionales desfavorables. Es posible observar que en el caso de los individuos mayores de 15 años las patologías presentan una distribución más heterogénea con respecto a los menores de 15 años.

Para el trimestre AMJ, las patologías infeccioso-parasitarias, de la sangre, del oído, circulatorias, respiratorias, digestivas y de la piel/subcutáneas se destacan en la MV 1. En el caso de la MV 2, los trastornos mentales y las patologías osteomusculares presentan valores significativos. Para la MV 3, las enfermedades neurológicas y del ojo poseen valores significativamente mayores que en las MV 1 y 2. En los individuos mayores de 15 años, las enfermedades infeccioso-parasitarias, de la sangre, los trastornos mentales, las enfermedades neurológicas, circulatorias, digestivas, de la piel/subcutáneas y osteomusculares asumen valores significativos en el contexto de la MV 1; mientras que las patologías del ojo se destacan en la MV 2. Al observar la MV 3, las patologías del oído y respiratorias asumen valores significativos y mayores a los que presentan en las MV 1 y 2.

En el trimestre JAS, las enfermedades detectadas en los individuos menores de 15 años se presentan de forma más heterogénea. Las patologías de la sangre, del oído, circulatorias, respiratorias, digestivas y de la piel/subcutáneas se relacionan más estrechamente con las condiciones de la MV 1. Los trastornos mentales y las enfermedades neurológicas se destacan en la MV 2. Las enfermedades infeccioso-parasitarias, del ojo y osteomusculares se encuentran relacionadas más significativamente con la MV 3. Durante el mismo trimestre, los individuos mayores de 15 años inmersos en las condiciones sociohabitacionales configuradas en la MV 1 manifiestan mayor incidencia de las patologías de la sangre, neurológicas, del oído y circulatorias; mientras que en la MV 2 se manifiestan los trastornos mentales y las enfermedades del ojo. En el caso de la MV 3, las enfermedades infeccioso-parasitarias, respiratorias, digestivas, de la piel/subcutáneas y osteomusculares se encuentran relacionadas más significativamente.

En el trimestre OND, los menores de 15 años padecieron enfermedades de la sangre, neurológicas, respiratorias y de la piel/subcutáneas relacionadas significativamente con las condiciones sociohabitacionales configuradas en la MV 1. Las condiciones de la MV 2 se relacionan más estrechamente con los trastornos mentales y las enfermedades del ojo; mientras que en la MV 3 se destacan las enfermedades infeccioso-parasitarias, del oído, digestivas y osteomusculares. Para los individuos mayores de 15 años, las patologías infeccioso-parasitarias, de la sangre, los trastornos mentales, las enfermedades circulatorias y de la piel/subcutáneas se relacionan más significativamente con las condiciones sociohabitacionales de la MV 1. Las patologías del oído están vinculadas en mayor medida con la MV 2. Finalmente, las enfermedades neurológicas, respiratorias, digestivas y osteomusculares se relacionan más significativamente con las condiciones sociohabitacionales de la MV 3.

7. Consideraciones finales

La temática correspondiente al estudio de la distribución espacial de características sociohabitacionales y de salud resulta de importancia en el momento de analizar la espacialidad de esta relación en el entorno urbano. Estudios en esta línea, y principalmente desde el punto de vista empírico, no han sido predominantes en Argentina.

En la presente investigación se explicitó el marco teórico para el estudio de la salud desde el punto de vista de la Geografía Médica. Se realizó la aplicación de la técnica de ajuste difuso, la cual constituyó una herramienta fundamental, ya que posibilitó adaptar los datos demográficos relevados en las fracciones censales a los barrios, unidades espaciales de interés para este trabajo. De igual importancia resultó la implementación de procedimientos de *linkage analysis*, a partir de los cuales pudo establecerse la cartografía de cada una de las variables sociodemográficas (29 mapas que explicitan su distribución espacial)y el grado de correlación entre ellas (cinco grupos de variables y tres macrovariables, con su cartografía correspondiente). De la misma manera, se aplicaron los procedimientos mencionados a las unidades espaciales, para detectar la correlación entre las unidades espaciales y obtener los grupos de barrios con similares características sociohabitacionales y una regionalización final (diez regiones sociohabitacionales, cuya correlación arrojó como resultado tres grandes grupos con su correspondiente cartografía). La disponibilidad de esta técnica y la sistematización de los datos de salud permitieron elaborar la cartografía de los tipos de patologías diagnosticadas y su comportamiento espacial (85 mapas), y analizar su vinculación con la situación sociohabitacional configurada.

En base a los procedimientos de análisis espacial realizados, es posible afirmar que existe una distribución espacial autocorrelacionada de las enfermedades detectadas en el área urbana de la ciudad de Luján. Estas enfermedades se encuentran, desde un punto de vista espacial, débilmente correlacionadas con las condiciones sociodemográficas y económicas, al considerar las relaciones mutuas en las categorías de análisis.

Si bien *a priori* se esperaba una mayor presencia de casos en las zonas de situación sociohabitacional desfavorable, éstos se han repartido con similar peso en las tres zonas definidas, aunque se han podido detectar las siguientes orientaciones:

Para los menores de 15 años existe predominancia de las enfermedades:

- Infeccioso-parasitarias.
- De la sangre.
- Neurológicas.
- Del ojo.
- Del oído.
- Circulatorias.
- Respiratorias.

- Digestivas.
- De la piel/subcutáneas en la MV 1 (condiciones sociohabitacionales favorables).
- Trastornos mentales en la MV 2 (condiciones sociohabitacionales medias); predominancia de las enfermedades.
- Osteomusculares en la MV 3 (condiciones sociohabitacionales
  desfavorables).

Al considerar los individuos mayores de 15 años, existe una predominancia de enfermedades:

- Infeccioso-parasitarias.
- De la sangre.
- Trastornos mentales.
- Del oído.
- Circulatorias.
- De la piel/subcutáneas en la MV 1 (condiciones sociohabita-
  cionales favorables); predominancia de patologías.
- Del ojo en la MV 2 (condiciones sociohabitacionales medias);
  predominancia de patologías.
- Neurológicas.
- Respiratorias.
- Digestivas.
- Osteomusculares en la MV 3 (condiciones sociohabitacionales
  desfavorables).

Al contemplar el total de casos detectados en los menores de 15
años, las enfermedades infeccioso-parasitarias, del ojo, del oído,
digestivas y de la piel/subcutáneas presentan una cantidad superior
con respecto a los individuos mayores de 15 años. Éstos manifiestan
mayor cantidad de casos en las enfermedades de la sangre, trastornos
mentales, enfermedades neurológicas, circulatorias y osteomusculares. Resulta importante mencionar que las enfermedades respiratorias en los menores de 15 años alcanzan los 2133 casos, mientras que
en los mayores de 15 años la cantidad detectada es de 512 casos. Estas
patologías presentan una amplia diferencia en cuanto a la cantidad
de casos detectados con respecto al resto de las patologías (tablas A y
B). Esto también puede observarse en las figuras 4 y 5, donde se
encuentran graficados los totales por trimestre y el total anual de
casos detectados.

Tabla A
Morbilidad asistida en menores de 15 años.
Total de casos, año 2000

	EFM	AMJ	JAS	OND	Total
I) Enfermedades infeccioso-parasitarias	56	66	49	24	195
II) Enfermedades de la sangre	33	37	23	20	113
III) Trastornos mentales	3	2	2	2	9
IV) Enfermedades neurológicas	4	10	12	3	29
V) Enfermedades del ojo	19	27	20	7	73
VI) Enfermedades del oído	84	81	64	40	269
VII) Enfermedades circulatorias	0	4	2	0	6
VIII) Enfermedades respiratorias	432	716	749	236	2.133
IX) Enfermedades digestivas	21	41	55	11	128
X) Enfermedades de la piel/subcutáneas	28	35	46	49	158
XI) Enfermedades osteomusculares	3	3	9	3	18

Figura 4
Morbilidad asistida en menores de 15 años. Total de casos, año 2000

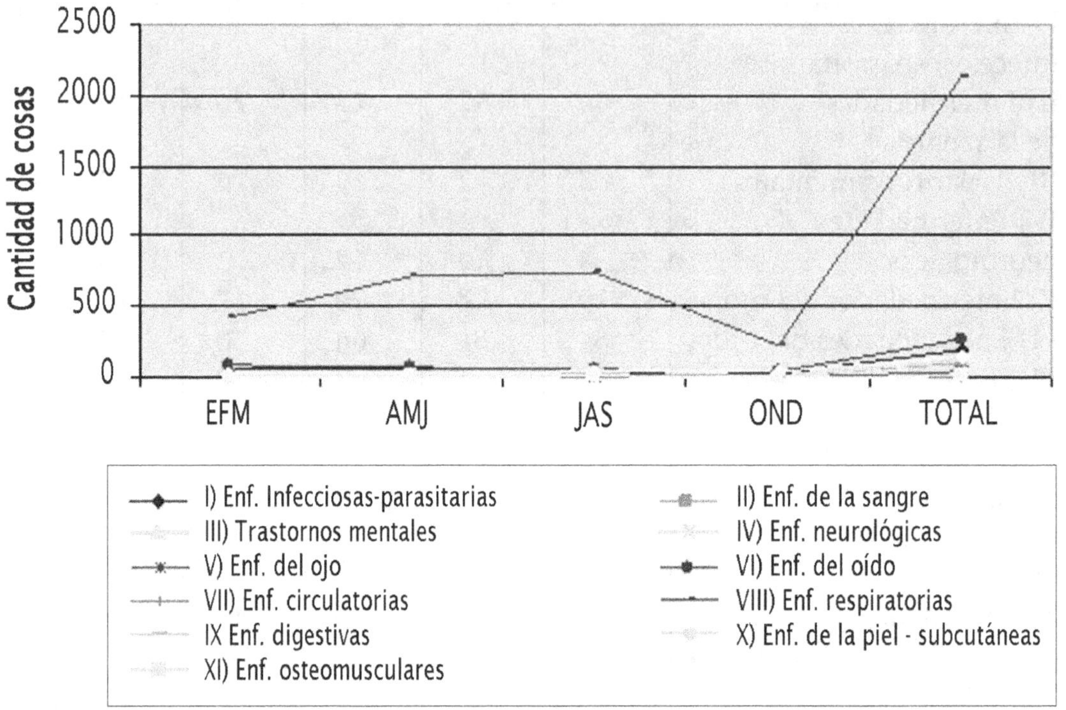

Tabla B
Morbilidad asistida en mayores de 15 años.
Total de casos, año 2000

	EFM	AMJ	JAS	OND	Total
I) Enfermedades infeccioso-parasitarias	8	12	13	5	38
II) Enfermedades de la sangre	33	43	49	15	140
III) Trastornos mentales	6	3	5	2	16
IV) Enfermedades neurológicas	10	10	11	7	38
V) Enfermedades del ojo	2	2	3	0	7
VI) Enfermedades del oído	11	9	9	4	33
VII) Enfermedades circulatorias	61	50	105	42	258
VIII) Enfermedades respiratorias	133	161	171	47	512
IX) Enfermedades digestivas	37	34	31	16	118
X) Enfermedades de la piel/subcutáneas	28	28	36	26	118
XI) Enfermedades osteomusculares	69	68	96	24	257

Figura 5
Morbilidad asistida en mayores de 15 años.
Total de casos, año 2000

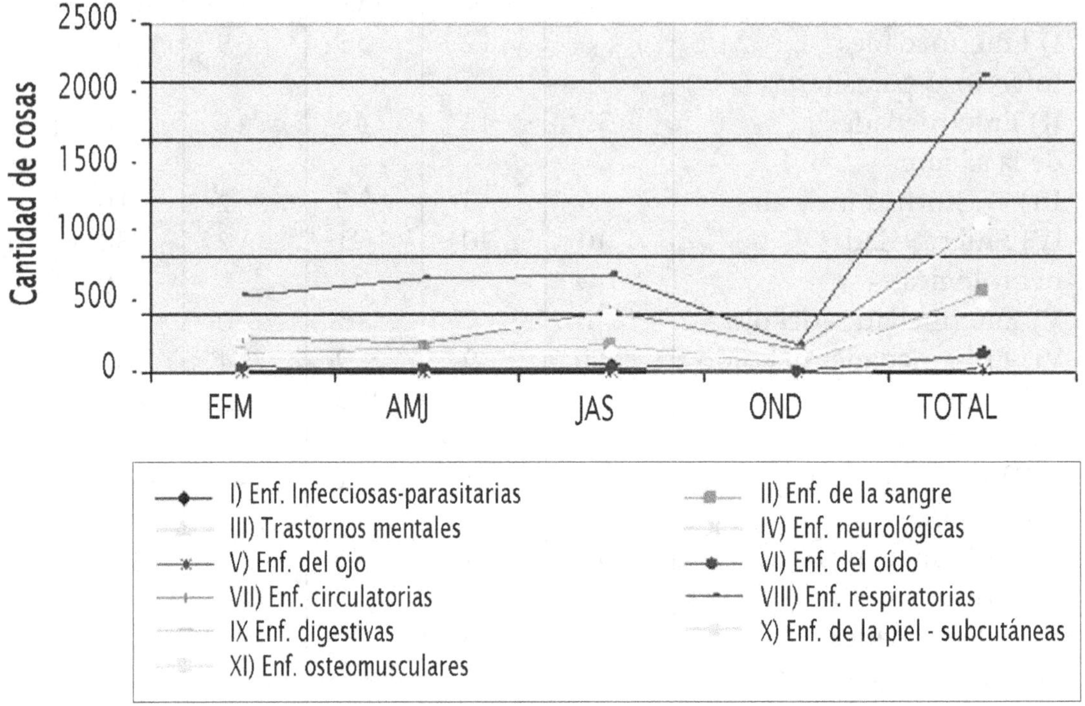

Otro aspecto importante fue la presencia de una evolución por estacionalidad, que también influye generando variaciones, tal como se presentan a través de la figura 4. Allí puede verse que las patologías respiratorias detectadas en menores de 15 años se diferencian del resto de las enfermedades, las cuales describen un comportamiento similar entre sí. En los meses octubre-noviembre-diciembre se observa un descenso en la cantidad de casos diagnosticados, excepto en los trastornos mentales (se mantiene la cantidad detectada en el trimestre anterior) y en las enfermedades de la piel/subcutáneas (el número aumenta en tres casos con respecto al mismo trimestre). En la figura 5, para los mayores de 15 años, las patologías respiratorias se encuentran, también, por encima del resto de las enfermedades, y el comportamiento resulta relativamente similar entre ellas. De la misma manera, se observa un marcado descenso en la cantidad de casos diagnosticados durante el trimestre octubre-noviembre-diciembre.

Se han detectado, asimismo, problemáticas ambientales provocadas por la ausencia de saneamiento y deficiencia en la prestación de los servicios básicos, circunstancias que conducen a la situación descripta.

Finalmente, si entre los objetivos del poder político se encuentra la intención de disminuir la morbilidad de la población de la ciudad de Luján, es imprescindible evaluar el sistema de salud existente a la luz del sistema al cual se aspira, considerando aspectos como la coordinación, financiación, localización, cobertura, accesibilidad (socioeconómica y geográfica), demanda, estructura y recursos materiales y humanos necesarios. La determinación y diagnóstico de las necesidades sanitarias de la población desde lo normativo, lo sentido y lo expresado otorgan la posibilidad de reasignar los recursos de manera más eficiente y equitativa. Esto implica pensar en un marco mucho más amplio, que incluye el modelo de país instalado no sólo en función de las condiciones socioeconómicas y políticas internas en las que se encuentra, sino también con respecto a las externas.

8. Bibliografía

Acebo Ibañez, E., H. Roura y M. Bruno, (1998), "El tabaquismo como fenómeno sociocultural" en *Memorias de Investigación*, N° 3, Buenos Aires, Universidad del Salvador.

Beldarraín Chaple, E., (2000), *La enseñanza de la Geografía Médica en Cuba hasta fines del siglo XXI*, La Habana, Centro Nacional de Perfeccionamiento Médico.

Bosque Sendra, J. y A. Moreno Jiménez, (1994), *Prácticas de análisis exploratorio y multivariante de datos*, Barcelona, Oikos-tau.

Burgos Ojeda, A. y otros, (1999), "Geografía Médica de las comunidades pesqueras de Tenerife. Indicadores de morbilidad asistida", en *IV Congreso Nacional de Medicina del Mar*.

Buzai, G. D., (1997), *Enseñar e investigar con Sistemas de Información Geográfica*, Buenos aires, Troquel.

———, (1999), *Geografía global*, Buenos Aires, Lugar Editorial.

———, (2003), *Mapas sociales urbanos*, Buenos Aires, Lugar Editorial.

Buzai, G. D. y otros, (2003), "Análisis y evaluación territorial de la situación sociohabitacional de la ciudad de Luján. Un estudio de ecología factorial urbana", en *Avances de Investigación*, N° 1, año 1, Universidad Nacional de Luján.

Buzai, G. D. D. Durán, (1994), "Mundo real, modelo conceptual y modelo digital: los Sistemas de Información Geográfica (SIG) ante los procesos conceptuales de transformación", en *Contribuciones Científicas*.

Cohen, I. B., (1989), *Revolución en la ciencia*, Barcelona, Gedisa.

Coreth, E., (1980), *¿Qué es el hombre? Esquema de una antropología filosófica*, Barcelona, Herder.

Cruz, M. del R., J. González y M. Segovia, (1999), "Riesgo de contaminación hídrica causada por la actividad industrial en el Partido de Luján", trabajo final del seminario optativo Evaluación del Riesgo Ambiental de la Licenciatura en Información Ambiental.

Curto de Casas, S., (1985), *Geografía y salud humana*, Buenos Aires, PROMEC Geografía, SENOC.

―――, (1998), "Ambiente y salud", en Durán D. (comp.), *La Argentina ambiental. Naturaleza y sociedad*, Buenos Aires, Lugar Editorial.

Descartes, R., (1983), *Discurso del método*, edición y traducción de Juan C. García Borrón, Barcelona, Bruguera.

Devore, J. L., (1998), *Probabilidad y estadística para ingeniería y ciencias*, México, International Thomson Editores.

Escudero, J. C., (2003), "The health crisis in Argentina", en *International Journal of Health Services*.

Escuela, M., M. Botto y S. Ferreyra, (2001), "Análisis de algunas leyes que abordan la problemática ambiental. Un enfoque desde la geografía médica", en *Geografía*, N°5, Universidad Nacional de San Juan.

Galagovsky Kurman, L. R., (1996), *Redes conceptuales. Aprendizaje, comunicación y memoria*, Buenos Aires, Lugar Editorial.

Giordano, M. S., (2003), "Cambios en los patrones de distribución espacial y temporal de los accidentes de tránsito en la ciudad de Luján (1995-1999)", tesis de Licenciatura en Información Ambiental, Universidad Nacional de Luján.

Gutiérrez Puebla, J. y M. Gould, (1994), *SIG: Sistemas de Información Geográfica*, Madrid, Síntesis.

Hartshorne, R., (1978), *Propósitos e Natureza da Geografía*, San Pablo, Hucitec, (traducción al portugués de *Perspectives on the Nature of geography*, AAG, 1966).

Harvey, D., (1977), *Urbanismo y desigualdad social*, Madrid, Siglo XXI.

―――, (1983), *Teorías, leyes y modelos en geografía*, Barcelona, Alianza.

Iglesias de Cuello, A., (1978), "Pampa norteña", en *El país de los argentinos*, Buenos Aires, Centro Editorial de América Latina.

Johnson, D., (2000), *Métodos multivariados aplicados al análisis de datos*, México, International Thomson Editores.

Johnson, R. y P. Kuby, (1999), *Estadística elemental. Lo esencial*, México, International Thomson Editores.

Klimovsky, G., (1995), *Las desventuras del conocimiento científico. Una introducción a la epistemología*, Buenos Aires, AZ Editora.

Kuhn, T., (1970), *The Structure of Scientific Revolutions*, 2nd edition, Chicago, University of Chicago Press, (edición en español: *La estructura de las revoluciones científicas*, México, Fondo de Cultura Económica, 1993).

Lang, S., (1990), *Algebra lineal*, Wilmington, Addison–Wesley Iberoamericana.

Macchi, R., (2001), *Introducción a la estadística en Ciencias de la Salud*, Buenos Aires, Editorial Médica Panamericana.

Mendes Diz, A., (1998), "Condiciones y medio ambiente de trabajo y sus vinculaciones con el estrés laboral", en *Memorias de Investigación*, N° 3, Buenos Aires, Universidad del Salvador.

——— y G. Prece, (1998), "Las dimensiones psicosociales y culturales en las prácticas relativas a la salud", en *Memorias de Investigación*, N° 3, Buenos Aires, Universidad del Salvador.

Moraes, A., (1987), *Geografia. Pequena História Crítica*, São Paulo, Hucitec.

Moreno Jiménez, A., (2001), *Geomarketing con Sistemas de Información Geográfica*, Madrid, UAM.

Neter, J., W. Wasserman y M. Kutner, (1995), *Applied linear statistical model. Regression analysis of variance and experimental designs*, Irwin.

Ñancufil, A., P. Sánchez Thevenet, J. Basualdo Farjat e I. Mellado, (2001), *Geografía y salud: propuesta de modelo ecoepidemiológico de zoonosis parasitarias a escala urbana en dos ciudades de la región patagónica*, Comodoro Rivadavia, Universidad Nacional de la Patagonia San Juan Bosco.

Olivera, A., (1993), *Geografía médica*, Madrid, Síntesis.

Pérez Bernabeu, J., (1914) *Algunos apuntes de geografía médica de la ciudad de Monóvar*, Valencia.

Pérez Lovelle, R.,(2001), *Las matrices de agregado, temporales y espaciales de la promoción de salud*, La Habana.

Randle, P. H., (1984), *Teoría de la Geografía*, Buenos Aires, P. H. Randle Editor.

Seminario, J., (1997), "Mapas conceptuales: una estrategia para enseñar a pensar", tesis de Licenciatura en Educación, Universidad Católica de Uruguay.

Tolcachier, A. y colaboradores, (2001), *Temas de Medicina Ambiental*, Buenos Aires, Sociedad Argentina de Medicina Ambiental.

Urteaga, L., (1980), *El higienismo en España en el siglo XIX y el paradigma de las topografías médicas*, Barcelona, Universidad de Barcelona.

Vapñarsky, C. A. y N. Gorojovsky, (1990), *El crecimiento urbano en la Argentina*, Buenos Aires, Grupo Editor Latinoamericano.

Voss, C., (1998), "Salud, libertad y psicopatología", en *Memorias de Investigación*, N° 3, Buenos Aires, Universidad del Salvador.

Capítulo IV
Geología, hidrología e hidrogeología en la cuenca del río Luján

Adrián Silva Busso

1. Introducción

El objetivo de este trabajo ha sido la actualización de la información geológica e hidrogeológica en el área de la cuenca del río Luján, con el apoyo de la recopilación y reinterpretación de datos preexistentes. La región de la cuenca del río Luján, ubicada en el noreste de la Provincia de Buenos Aires y limitada por el estuario del Plata y el delta del Paraná-Uruguay, se encuentra en una de las regiones urbanas más extensas del mundo, la Ciudad de Buenos Aires y el Gran Buenos Aires el con una densidad poblacional de 1.860 hab/km^2). La topografía es suave, las máximas alturas se ubican en el sector oeste de esta área sobrepasando escasamente los 100 msnm. Hacia el Este las cotas disminuyen hasta alcanzar el nivel del mar. Los valores de precipitación media anuales son de 1020 mm/año y los excesos hídricos, cercanos a los 200 mm anuales. Diversos autores calcularon el porcentaje de infiltración por *Thornthwaite* (1948); estos valores de infiltración se encuentran entre el 0.57% y 9.44% de las precipitaciones medias anuales en el NE de la región de Buenos Aires (Santa Cruz y Silva Busso, 1996).

Figura 1.
Mapa ubicación de la cuenca del río Luján

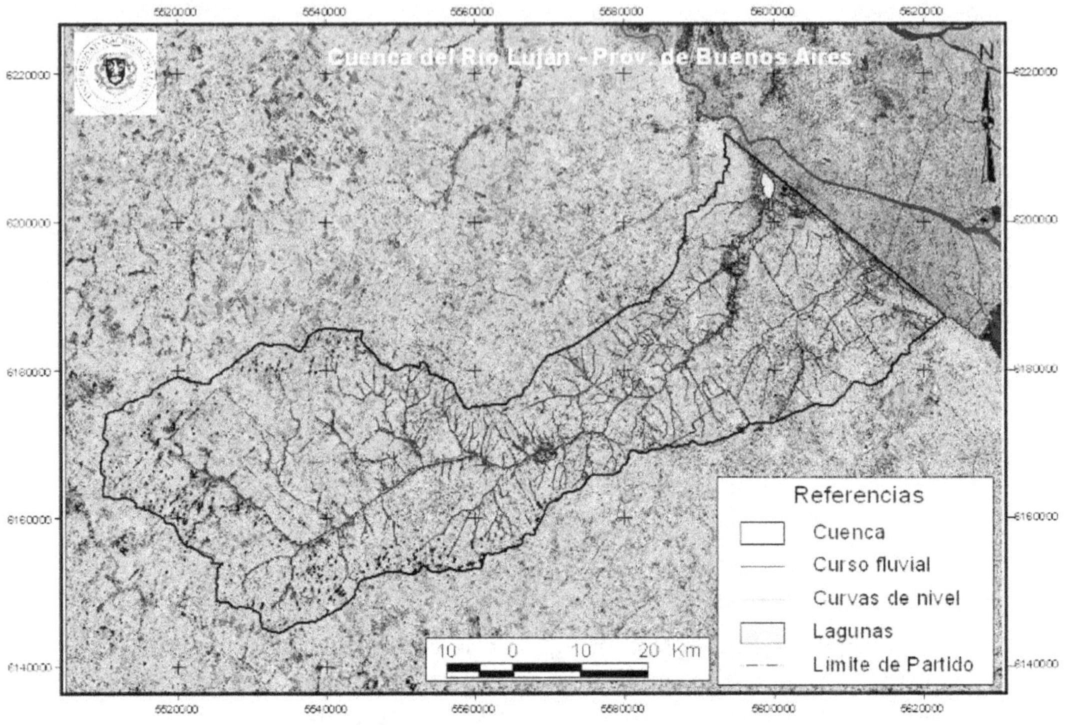

La geomorfología del área está enmascarada y, en parte, modificada por la urbanización y las obras civiles, incluyendo también la red de drenaje que ha sido afectada por la canalización y entubado de cursos de agua. Esto ha modificado, en parte, el funcionamiento natural del sistema. El drenaje superficial presenta un rumbo predominante en dirección al Este, aunque rota hacia el Sur en su cuenca baja como consecuencia del avance de las facies deltaicas modernas. De acuerdo con el comportamiento de las pendientes regionales de la zona, se trata de ríos perennes, aunque algunos de sus afluentes pueden ser intermitentes con períodos de agotamiento que coinciden con grandes sequías.

Las unidades de interés hidrogeológico de las más antiguas a las más modernas son las siguientes: Basamento Cristalino, rocas ígneo-metamórficas, de edad Precámbricas; Formación Olivos, arcillitas con intercalación de areniscas muy finas y calcáreos de color rosado, edad Oligoceno; Formación Paraná, arcillitas verdes que intercalan arenas finas a medias, edad Mioceno; Formación Puelches y/o Ituzaingó, arenas y arcillas, edad Plio-Pleistoceno; Sedimentos Pampeanos, Limos arcillosos fuertemente cementados con carbonatos, edad Pleistoceno-Holoceno; Sedimentos Postpampeanos, Limos arenosos color gris verdoso, fosilífero, de edad Holoceno-reciente.

2. Aspectos fisiográficos

Sobre la base de la morfología y fisiografía, Herrera (1993) reconoce las siguientes unidades fisiográficas:

- Aquella que forma una faja bordeando el Río de la Plata por debajo de la cota de 5 m.
- La zona occidental con alturas mayores a 5 m.
- La zona de delta.

La primera constituye, morfológicamente, la *Terraza Baja* o *llano marginal*, y la segunda es denominada *Terraza Alta* (Frenguelli, 1950). Estas características del relieve tienen su explicación, especialmente, en la ingresión marina Querandinense y en su posterior regresión. La Terraza Alta o *Meseta pampeana* (Yrigoyen, 1992) muestra frente al río un borde recortado bien definido en largas extensiones, que presenta barrancas más o menos empinadas de algo más de una decena de metros de altura sobre la Terraza Baja.

Las barrancas se hallan recortadas por profundas penetraciones tierra adentro, que van conformando las márgenes de los cursos de agua principales. Poseen muy suave declive del orden de 10^{-3}. Esta escasa pendiente sumada a reiteradas sudestadas, que cancelan el desagüe natural de los cursos, hacen frecuentes las inundaciones provocadas por el desborde de arroyos luego de una copiosa lluvia.

La *Terraza Baja* o *llano inundable costero* (Cappannini y Mauriño, 1966) se extiende en forma de una larga faja que se prolonga hasta más allá de la ciudad de La Plata. Presenta una anchura variable y posee una pendiente topográfica de 10^{-4}; es amplia y en parte pantanosa, con una altura promedio de 2.5 m sobre el nivel del estuario.

Se halla, naturalmente, expuesta a frecuentes inundaciones, ya sea por crecidas del estuario o por lluvias torrenciales. En ambos casos, las aguas se derraman sobre las planicies aluviales del río Luján, ocupando incluso los niveles de terraza.

El delta del río Paraná se caracteriza por estar cruzado por innumerables canales e incluso el río homónimo, además de una muy marcada falta de relieve. La cuenca baja del río Luján se encuentra flanqueada hacia el Este por este sistema complejo, y el rumbo de desembocadura del río Luján ha sido controlado durante el avance del delta. Con respecto a esta última observación, se estima que el delta activo actual aumenta su superficie, se duplica cada 36 años, y su altura crece en 0,60 m en el lapso de 40 años.

La geomorfología de un lugar implica la reunión de información muy variada, que debe ser tenida en cuenta en este tipo de análisis. En principio, el criterio fisiográfico ha sido el empleado para definir las unidades geomorfológicas y se basa en el reconocimiento de campo, en fotos aéreas e imágenes satelitales. Las unidades reconocidas por Herrera (1993), y más recientemente por Gatti (2003), en el área del Conurbano Bonaerense han sido denominadas:

- Unidad I Planicie ondulada.
- Unidad II Planicie de Escurrimiento.
- Unidad III Planicie Aluvial.
- Unidad IV Planicie de Inundación.
- Unidad V Planicies de Marea.
- Unidad VI Ambiente Deltaico.

Éstas serían extrapolables a esta cuenca, pero su análisis requiere de un estudio pormenorizado y específico.

3. Hidrología superficial de la cuenca del río Luján

Las cuencas hídricas superficiales del área se desarrollan en dirección Oeste-Este, aunque las aguas de los arroyos que se encuentran en el norte de la ciudad de Buenos Aires desaguan hacia el río Luján (arroyos Garín, Escobar Claro, de las Tunas, entre los más importantes).

La cuenca del río Luján es, actualmente, el sistema hídrico más importante del Área Metropolitana de Buenos Aires. Con una superficie total de 2940 km^2, recorre 128 km antes de verter sus aguas al Río de la Plata. La longitud total de cauces de la cuenca es de 450 km, su caudal medio de 5,37 m^3/seg y su pendiente media de 0,44 m/km, aproximadamente. Sus nacientes pertenecen al Partido de Suipacha por la confluencia de los arroyos Durazno y Los Leones, para desembocar en el Río de la Plata. En el tramo de recorrido hasta el Partido de Pilar sigue una dirección general SO-NE y a partir de allí, donde corta a la Ruta Nacional N° 9, describe un meandro con curvatura hacia el SE, haciéndose paralelo al Paraná de las Palmas y confundiéndose con el delta del Paraná hasta desembocar en el Río de la Plata. La cuenca tiene una forma cuasi rectangular y el diseño de la red de drenaje es subdendrítico. La porción inferior tiene, aproximadamente, 60 km de longitud y se extiende desde su intersección con la ruta N° 8 hasta su desembocadura. En este tramo el río se ensancha, se profundiza y favorece la navegabilidad.

Se observan amplios bañados en la llanura aluvial debido a la falta de pendiente y a su irregular avenamiento. Su régimen es irregular, se alimenta de lluvias, las crecientes son rápidas y pronunciadas, con ocurrencia en otoño y primavera; los estiajes son en invierno.

La geomorfología del área de estudio está enmascarada y, en parte, modificada por la gran urbanización y las obras civiles. El tipo de relieve predominante es la llanura, con variantes al NE, donde se puede observar la llanura ondulada con cotas que van desde los 0 msnm hasta los 50 msnm. Las pendientes locales llegan al 2% y las regionales son del orden del 0,08% al 0.0083%. Desde el punto de vista morfoclimático, la llanura pampeana se encuentra bajo clima templado húmedo, subhúmedo y seco. Los procesos morfogenéticos predominantes son la erosión hídrica, alteración, erosión eólica y sedimentación, carcavamiento. Se observan suelos decapitados, suelos desarrollados, cubetas de deflación, planicies, lomadas, barrancas, médanos y dunas (al NO y al SE respectivamente).

La morfología que presenta la cuenca del río Luján es consecuencia de la combinación de procesos endógenos, estuáricos (marinos) y fluviales; en menor magnitud y subordinados a los anteriores, actúan los fenómenos eólicos. El proceso fluvial se evidencia, en general, a lo largo de todo el paleoacantilado, y en especial en carcavamientos en la escarpa de la zona de Otamendi. En la zona deltaica, dicho proceso es predominante en la planicie y actúa sobre los antiguos canales de marea.

Figura 2
Hidrología de la cuenca del río Luján

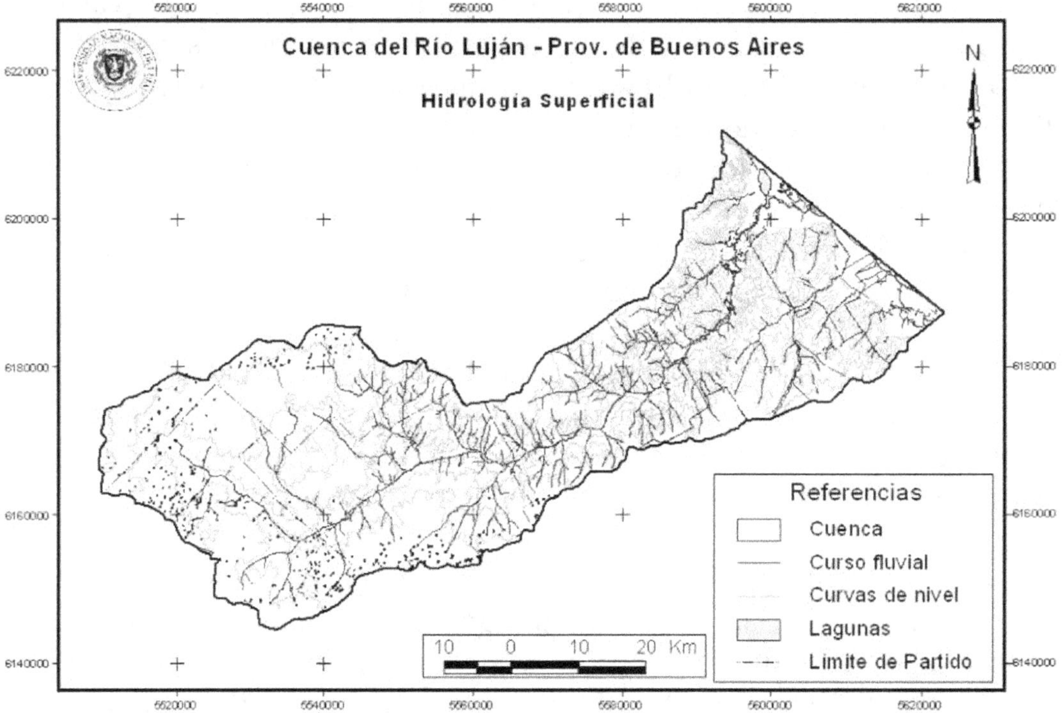

3. Geología del área

Formación Martín García

Se la denomina *Formación Martín García*, pues conforma el sustrato que dio origen a la isla homónima y constituye el basamento cristalino de la región. Está constituida por rocas metamórficas de grado intermedio (mica esquistos), cuya edad fue estimada en más de 2100 millones de años (Dalla Salda, 1999). Se comporta como la base impermeable del sistema hidrológico subterráneo y conforma la unidad más antigua reconocida, alcanzada por la Dirección de Hidráulica de la Provincia de Buenos Aires en la Perforación Riachuelo II (la más cercana que haya alcanzado esa profundidad), donde se inicia la Formación Martín García (basamento cristalino) a los 404 mbbp. Este basamento aflora luego a pocos kilómetros en la Isla Martín García, en el Río de la Plata y en la República Oriental del Uruguay. Se profundiza hacia el río Salado en la Provincia de Buenos Aires y vuelve a aflorar formando el Sistema Serrano de Tandilia (Dalla Salda, 1999).

Formación Olivos

También conocida informalmente como *Mioceno Rojo*, se emplaza inmediatamente por debajo de la Formación Paraná, mediando entre una discordancia erosiva. Es una unidad continental de supuesto origen eólico y lagunar, aunque la presencia de arenas gruesas también indica participación fluvial en su génesis (Santa Cruz, 1997). La existencia de abundante yeso distribuido en todo el perfil permite interpretar una condición de marcada aridez durante su sedimentación.

En el perfil de la Perforación Riachuelo (la más cercana que haya alcanzado esa profundidad) se extiende entre 115 y 404 m de profundidad. La sección superior, entre 115 a 229 mbbp, es predominantemente arcillosa, formada por arcillas pardo rojizas, compactas, fragmentosas, calcáreas y yesíferas. En la sección inferior predomina la fracción arenas, entre 229 y 404 mbbp, con areniscas y areniscas arcillosas, rojizas y amarillentas, yesíferas y calcáreas. En los últimos 6 m (398 a 404) se presenta un conglomerado basal rojizo con matriz areno-arcillosa y abundante yeso. Se lo considera de edad Mioceno inferior (20 Ma) o del Oligoceno (30 Ma).

Formación Paraná

También conocida como *Arcillas Verdes o Azules* por los perforistas, es una secuencia dominantemente arcillosa con intercalaciones arenosas, de tonalidades fuertemente verdosas en las secciones arcillosas y blanquecinas a grisáceas en las arenosas. Su origen marino está documentado por la presencia de abundantes fósiles, particularmente en las capas de pelitas, entre los que se destacan las Ostreas (D´Obriggny, 1842).

La ingresión del Mar Paraniano ocupó un sector importante de la Argentina y la mayor parte de la Provincia de Buenos Aires, dado que sólo quedaron emergentes los dos ámbitos serranos (Tandilia y Ventania) y el interserrano que los ensambla (Yrigoyen, 1992). En la Perforación Riachuelo, la Formación Paraná se extiende entre 52 y 115 m, con predominio de arcillas en el 70% de la sección. Sólo ha sido parcialmente atravesada en perforaciones de la cuenca inferior del río Luján. El techo de la unidad se encuentra a los 51 mbbp y el primer paquete psamítico a los 64 mbbp y continúa hasta los 78 mbbp sin llegar a la base de la secuencia (Silva Busso, inédito).

Formación Puelches

La distribución de la Formación Puelches está confinada, principalmente, a las provincias del denominado *litoral fluvial argentino*. El límite aproximado penetraría por la bahía de Samborombón, internándose hacia el oeste de la Provincia de Buenos Aires. A la altura de Las Flores tuerce al Noroeste, entrando luego en el sur de la Provincia de Santa Fe (Santa Cruz, 1972; Auge *et al.*, 1983). Sigue hacia el norte hasta alcanzar el Chaco. Esta misma arena se correlacionaría en el subsuelo de la Provincia de Entre Ríos, de Corrientes (F. Ituzaingó) y sector oriental de la Provincia de Córdoba (aproximadamente hasta el sur de la laguna de Mar Chiquita).

Las sedimentitas de esta formación están representadas esencialmente por psamitas, aunque se suelen encontrar intercalaciones de psefitas y/o pelitas. La profundidad de la Formación Puelches varía entre 15 y 120 m en la región noroeste de Buenos Aires (Santa Cruz y Silva Busso, 1996). Santa Cruz (1993) encuentra en la cuenca inferior del río Luján (localidad de Campana) la falta en el registro del subsuelo de la Formación Paraná. La Formación Puelches se apoya directamente sobre las arcillas de la Formación Olivos. Según los datos registrados (Santa Cruz, 1972), el espesor de la Formación Puelches (salvo en la localidad de Monte Veloz, con un espesor de 75 m) varía entre un mínimo de 13,70 m y un máximo de 40 m, siendo su espesor promedio de 26 m. La profundidad con que se encuentra respecto al nivel del mar varía entre los –12 m y –41 m.

Las psamitas que predominan son en general de grano mediano a fino, con escasa matriz pelítica. En general, se compone de granos de cuarzo en alrededor del 90% del total de los minerales (Santa Cruz, 1972). El material pelítico se presenta ya sea como matriz de las psamitas (especialmente hacia el techo), o como delgadas intercalaciones de aproximadamente 0.50 m de espesor, con tonalidades amarillentas (similares a las de las psamitas) hasta rojizas. En general, son limolitas más o menos arcillosas que contienen variables cantidades de materiales arenosos dispersos, entre los cuales se encuentran individuos de aglutinados pelíticos *(clay galls)*.

La Formación Puelches ha tenido su origen en un vasto sistema de canales fluviales ubicados, algunos, a diferentes niveles dentro de la unidad, y con un rumbo aproximado de N-S y NNE-SSO. Hay zonas que presentan menor tamaño de arena y que marcarían sectores de energía más baja que la que imperaba en los canales principales. El límite Puelches-Pampeano, en toda su extensión, no se correspondería con una línea de tiempo determinada, sino que existirían sucesivas líneas de tiempo o isocronas decrecientes en el tiempo hacia el área de la costa, que cortarían sucesivamente dicho límite. Situación que explicaría, también, la existencia de depósitos considerados como post-pampeanos, directamente apoyados sobre las arenas Puelches en el área litoral del Sistema de la Plata-Paraná (Amato, 1998).

Sedimentos Pampeanos

El término informal *Sedimento Pampeano* comprende a la formación sedimentaria que en la cuenca del Plata y otras partes vecinas de la Pampa se apoya sobre las arenas cuarzosas de la formación denominada *Puelchense*. Los depósitos cuartarios de la Región Pampeana se dividen comúnmente en Pampeano y Post-pampeano. En rigor, sin embargo, solamente la primera tendría un carácter formacional más definido, ya que la segunda, y considerando todo el ámbito de la llanura pampeana, consiste en un diverso conjunto de formaciones más o menos aisladas.

La nomenclatura y la división estratigráfica del Cuaternario de la llanura pampeana –en uso en la actualidad y con algunas modificaciones formales según los autores– han sido adoptadas como patrón para el Cuaternario del resto del territorio argentino.

- **Formación Buenos Aires, Bonaerense o Pampeano superior:** definido por Ameghino (1909) como el limo clásico de la Pampa y considerado de carácter loessico. Su espesor es variable, ya que está cortado por arriba, por la superficie más o menos erosionada de la terraza alta, 6 a 12 m. Puede incluir el Belgranense, delgada capa lenticular fosilífera rica en conchillas, de alrededor de 1 m de espesor, hallada por Bravard (1858) a 6 m sobre el nivel del río, en las barrancas de Belgrano; pero es fundamentalmente costera.

- **Formación Ensenada o Ensenadense:** la sección superior está constituida por un limo más oscuro que el Bonaerense, en estratificación bien perceptible, por lo general más compacto y con gran cantidad de calcretes carbonáticos (tosca), que afloran formando las restingas de las playas del Río de la Plata. Contiene abundantes restos de mamíferos fósiles (se destaca el género *Typotherium*). El Ensenadense basal suele ser compacto, con una rica fauna de mamíferos; espesor de 8 a 10 metros y desciende de 12 a15 m debajo del nivel del Río de la Plata. Sería un sedimento de tipo loessico, muy poco estratificado y textura uniforme, con capas irregulares, lenticulares e imbricadas. Puede incluir, en zonas costeras, el Inter-ensenadense, capa marina margosa de color verdoso de 1 a 2 m de espesor, rico en restos de conchas marinas mal conservadas. Se encuentra a unos 35 m debajo del nivel de la terraza baja y afloraría en bajantes excepcionales del río.

Doering (1907) señaló por primera vez la importancia del vidrio volcánico como constituyente del loesses de la Provincia de Córdoba. Wringht y Fenner (1912) realizaron el primer estudio petrográfico del loess de diversos lugares de la Pampa, confirmando y ampliando las conclusiones de Doering acerca de la importancia del componente eruptivo en su composición, y haciendo notar la escasez del cuarzo y del carbonato de calcio, así como la abundancia de arcillas en comparación con el loess alemán. Finalmente, Teruggi, Etchichury y Remiro (1957) efectuaron el primer análisis mineralógico completo de un perfil de la Formación Pampeana en las Barrancas de Chapadmalal.

En el origen de los Sedimentos Pampeanos, el consenso es que los limos son esencialmente de formación eólica *(loess)*, en la parte superior predominantemente fluviales, y lacustre en la parte inferior (González Bonorino, 1965). La opinión generalizada, aunque hay discrepancias al respecto, es que los Sedimentos Pampeanos tienen edad pleistocena superior–Holoceno.

Sedimentos Post-pampeanos

El Post-pampeano se apoya sobre una superficie de erosión que alcanzaría en partes hasta la Formación Ensenada. Se divide en varios pisos, el más antiguo de los cuales es el Lujanense, que ocupa tierras inferiores de los ríos del litoral bonaerense. En el área noroeste de Buenos Aires y la cuenca del río Luján, los sedimentos del Lujanense son limos arcillosos de tono verdoso y aflorarían en el cauce del río Luján (eventualmente en el Matanza-Riachuelo y el Reconquista). El Lujanense contiene los últimos restos de fauna extinguida del Cuaternario.

Suprayace la secuencia las unidades de edad Querandinense, representado por arenas y arcillas verdes oscuras, con conchillas que constituyen el subsuelo de la planicie costera y representan la última expresión transgresiva del mar. Sobre el Querandinense en la zona costera y sobre el Lujanense en los ríos tributarios, se ubica otro piso denominado Platense, cuyos sedimentos representarían la fase regresiva tanto de la ingresión querandina como de la depositación palustre Lujanense. Consiste en el primer caso de cordones litorales estuáricos o marinos que pueden o no contener conchillas marinas, y en el segundo, de una delgada capa de tripolácea.

Figura 2
Cuadro estratigráfico del subsuelo de Buenos Aires (Nabel, 2001)

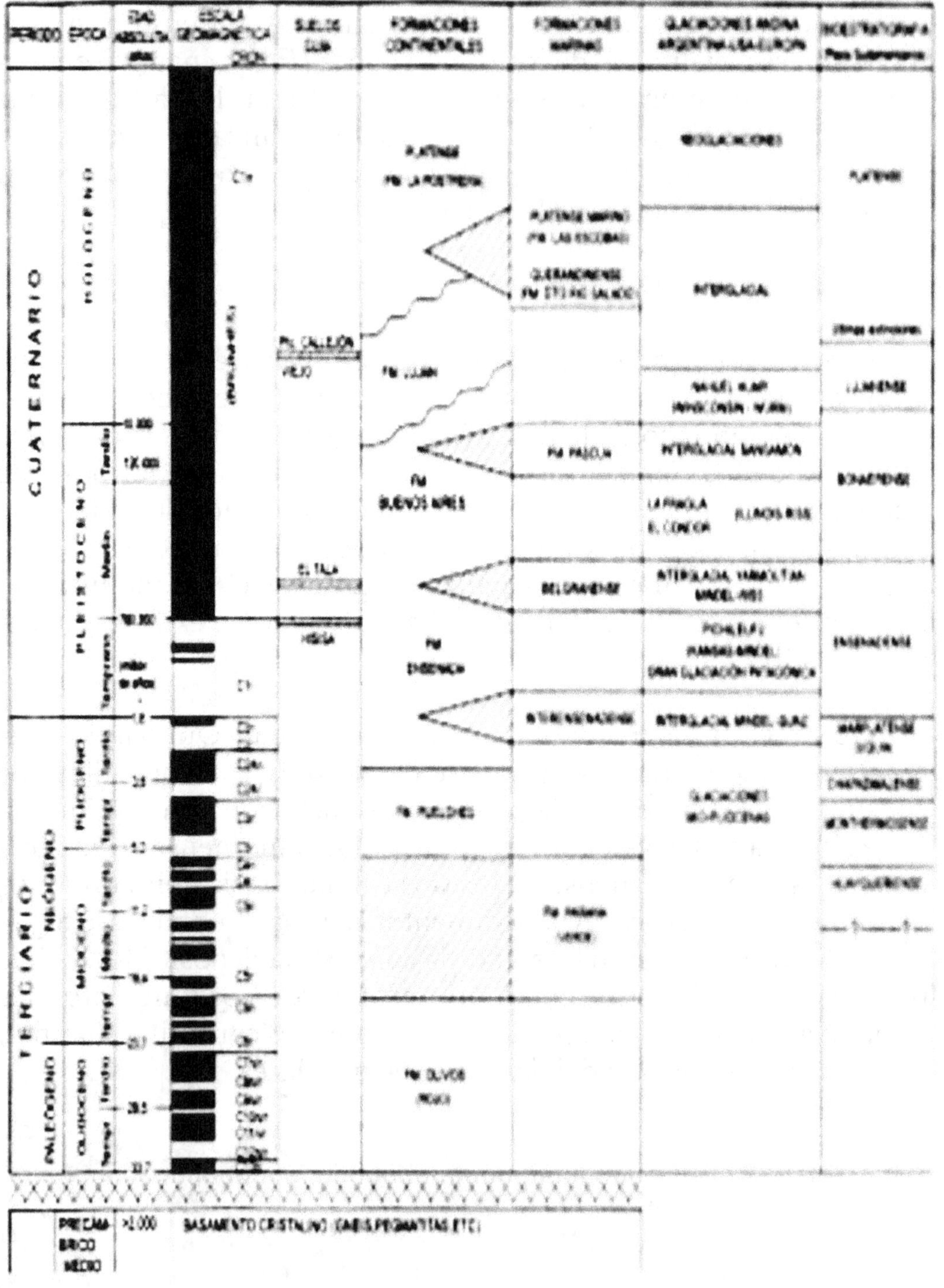

4. Hidroestratigrafía del área

Subregión Hidrogeológica I o Subregión Río Paraná. Se extiende desde la cuenca del río Salado al sur y sudoeste, hacia el norte hasta al menos el meridiano 33° 30' o lo bajos submeridionales, al este el río Paraná y al oeste hasta aproximadamente al paralelo 62° 30'. Los principales acuíferos de esta región se caracterizan por la siguiente estratigrafía e hidroestratigrafía.

Se diferencian tres grandes secciones o unidades hidrogeológicas apoyadas sobre el Basamento Impermeable. Se denomina Sección Hipopuelches la inferior, Sección Puelche la media y Sección Epipuelches la superior (EASNE, 1972). Dentro de estas unidades hidrogeológicas se distinguen paquetes sedimentarios, acuíferos, complejos medianamente permeables (acuitardos) y unidades impermeables (acuícludos).

Figura 3
Área de la Subregión Hidrogeológica I *Río Paraná*

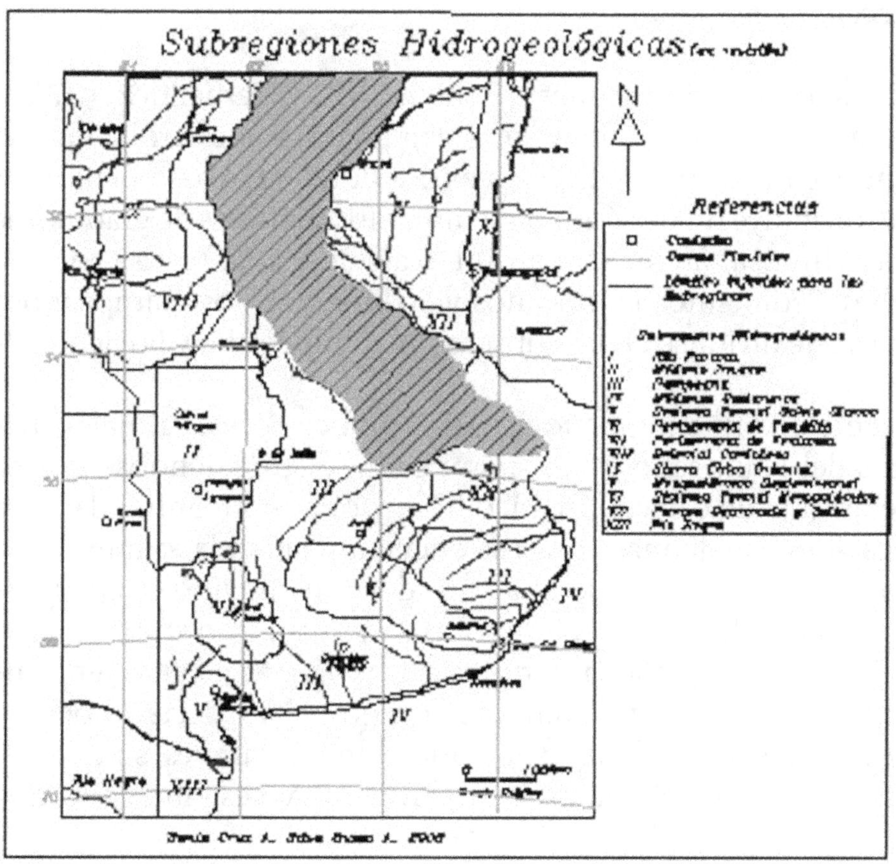

Tabla 1.
Unidades hidroestratigráficas de la Subregión Hidrogeológica I

Estratigrafía	Hidroestratigrafía	Acuíferos Principales
Sed. Pampeanos	Epiparaneano	Acuífero Pampeano
Formación Puelches	Epiparaneano	Acuífero Puelches
Formación Paraná	Paraneano	Acuífero Paraná
Formaciones Olivos, Mariano Boedo	Hipoparaneano	Acuitardo
Basamento Cristalino	Basme. Hidrogeol.	Acuífugo

En el área del Conurbano Bonaerense (al igual que en gran parte de la Subregión I Río Paraná) pueden resumirse las características de las unidades hidroestratigráficas propuestas por diversos autores en la tabla 1 (Santa Cruz y Silva Busso, 1999).

Sección Epiparaniana

Es la tercera sección acuífera (EASNE, 1972 y Hernández, 1975), que por su accesibilidad resulta la más explorada. Se desarrolla en toda la provincia, con excepción de las áreas donde aflora el basamento de roca dura. Constituye un depósito de sedimentos acuíferos de granulometría arenosa, limosa, arcillosa, con intercalaciones de tosca (Formación Puelches, Sedimentos Pampeanos y Sedimentos Post-pampeanos). La misma suele dividirse en las subsecciones Epipuelche y Puelche.

La Sección Superior, denominada Epipuelche, está alojada en sedimentos del Pampeano y Post-pampeano, distinguiéndose dos capas acuíferas: una de carácter freático libre y otra semiconfinada. La capa freática –que en algunas zonas se encuentra agotada, o también aflorando a veces como respuesta a períodos muy lluviosos o por cese de la explotación de acuíferos inferiores a la misma–, proporciona bajos caudales de explotación (inferiores a 1 m^3/h). Son aguas, en general, de mala calidad por su contaminación química y bacteriológica, con pozos sépticos domiciliarios. En condiciones naturales, su techo suele acompañar la morfología de la superficie. A veces emerge formando cuerpos de agua, pero comúnmente oscila entre los 4 y 10 m de profundidad. La primera capa con cierto grado de confinamiento está limitada superior e inferiormente por sedimentos acuitardos, alumbrándose a profundidades que varían, principalmente, entre 10 y 30 m de acuerdo a la cota del terreno (Sedimentos Pampeanos). Este acuífero proporciona caudales de extracción muy dispares según su emplazamiento y pueden variar entre 1 y 40 m^3/h. Desde el punto de vista de su calidad, las aguas de este acuífero son duras, tienen muchas veces exceso de nitratos, y frecuentemente presentan contaminación bacteriológica y de oligoelementos proveniente de residuos industriales que son derivados a pozos filtrantes.

La sección media, o Arenas Puelches, es portadora del Acuífero Puelche, segunda capa semiconfinada, asentada sobre sedimentos acuícludos (arcillas verdes de la Formación Paraná) que limitan la infiltración vertical descendente. Por el contrario, la existencia de sedimentos acuitardos en su techo permite la conexión hidráulica con los acuíferos y sus posibles contaminantes. Por su extensión areal, su fácil acceso mediante perforaciones, caudales y calidad de sus aguas se ha convertido en el recurso hídrico subterráneo más explotado en el país, principalmente para consumo humano. El Puelche posee caracteres hidráulicos que permiten diferenciarlo de los supra e infrayacentes, constituyendo un verdadero acuífero semiconfinado. Considerando que su recarga y descarga es fundamentalmente en forma vertical desde o hacia la sección Epipuelches, puede agruparse a ambos dentro de una misma unidad, también llamado *acuífero multiunitario* (EASNE, 1972). Existe una coincidencia entre las divisorias de aguas superficiales y subterráneas, constituyendo las últimas una barrera hidrológica que impide el aporte por flujo subterráneo desde cuencas vecinas (Auge, 1992). La recarga de agua es de tipo autóctona e indirecta, y se produce cuando el nivel piezométrico del acuífero Puelche es más bajo que el del nivel freático, situación que ocurre en los interfluvios. Cuando la posición de estos niveles es opuesta, se producirá su descarga, lo que ocurre hacia las zonas más bajas. El carácter indirecto está dado por las unidades acuíferas superpuestas. La napa freática es el elemento receptor, en primera instancia, del aporte meteórico, transferido luego en profundidad hacia la sección media. Los caudales de explotación son más elevados en el caso del acuífero Epipuelches, oscilando entre 20 y 150 m^3/h, y caudales específicos para el área de estudio de alrededor de 4 m^3/h/m (Santa Cruz, 1997).

Sección Paraniana

De origen marino, se encuentra sobre la anterior. Está constituida por arcillas grises azuladas y verdes con intercalaciones arenosas y abundantes fósiles marinos. Predominan los sedimentos acuícludos y existen algunas intercalaciones acuíferas de muy buen rendimiento.

Sección Hipoparaniana

Por encima se reconoce una sucesión sedimentaria de origen continental dividida en tres subsecciones, de las cuales la mejor conocida es la superior. De aproximadamente 250 m, con areniscas y arcillas rojas reconocidas como Formación Olivos, presenta varios niveles acuitardos y algunos acuíferos de variable salinidad y muy poco conocidos en la actualidad.

Basamento Hidrogeológico

El Basamento Cristalino, constituido por rocas ígneas y metamórficas, es la unidad acuífuga basal de los sistemas acuíferos que se desarrollan por encima de él.

5. Hidrogeología de la cuenca del río Luján. Síntesis final

En función de los antecedentes más recientes de la zona y con el objetivo de realizar la caracterización del área, se reúne aquí un conjunto de perforaciones que permiten realizar cortes hidrogeológicos a través de la cuenca del río Luján según diversos autores (Santa Cruz y Silva Busso, 2002; Silva Busso y Santa Cruz, 2003; Seoane, 2003; Seoane *et al.*, 2004).

Geología, mapas y perfiles litoestratigráficos de pozos

A partir de los perfiles geológicos de los pozos testigo existentes (ver figura 4) se pudo acotar las zonas periféricas y permitir una rápida visualización del comportamiento deposicional de las diferentes unidades geológicas representadas en el mapa de la figura 5. Para esta tarea se contó con una rigurosa recopilación de información, a partir de la cual se pudo obtener una base de datos hidroestratigráficos en el área de los partidos que conforman la cuenca del río Luján.

Mientras que la Sección Pelítica cuspidal de la Formación Puelches se encuentra distribuida en forma discontinua, la Sección Psamítica se ha depositado de manera uniforme en toda el área de la cuenca.

Los espesores máximos para la Sección Psamítica alcanzan los 40 m hacia el Oeste, mientras que los mínimos, los 5 m. Su valor medio de espesor es de 20-25 m.

Figura 4
Ubicación de los pozos de referencia geológica

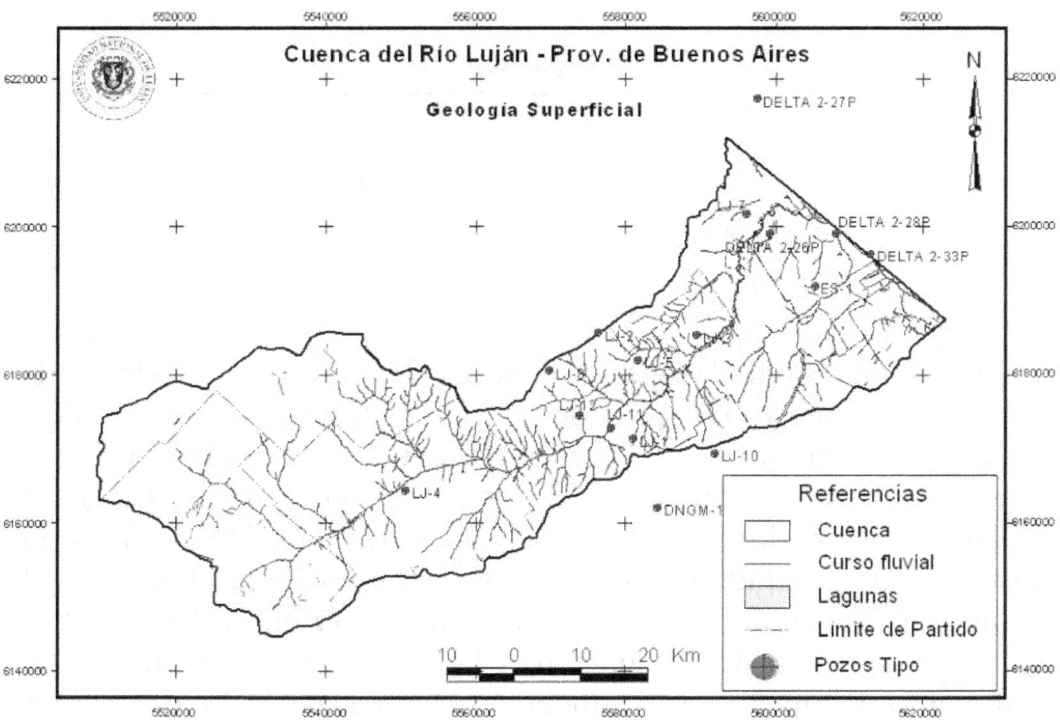

Figura 5
Unidades geológicas en la cuenca del río Luján

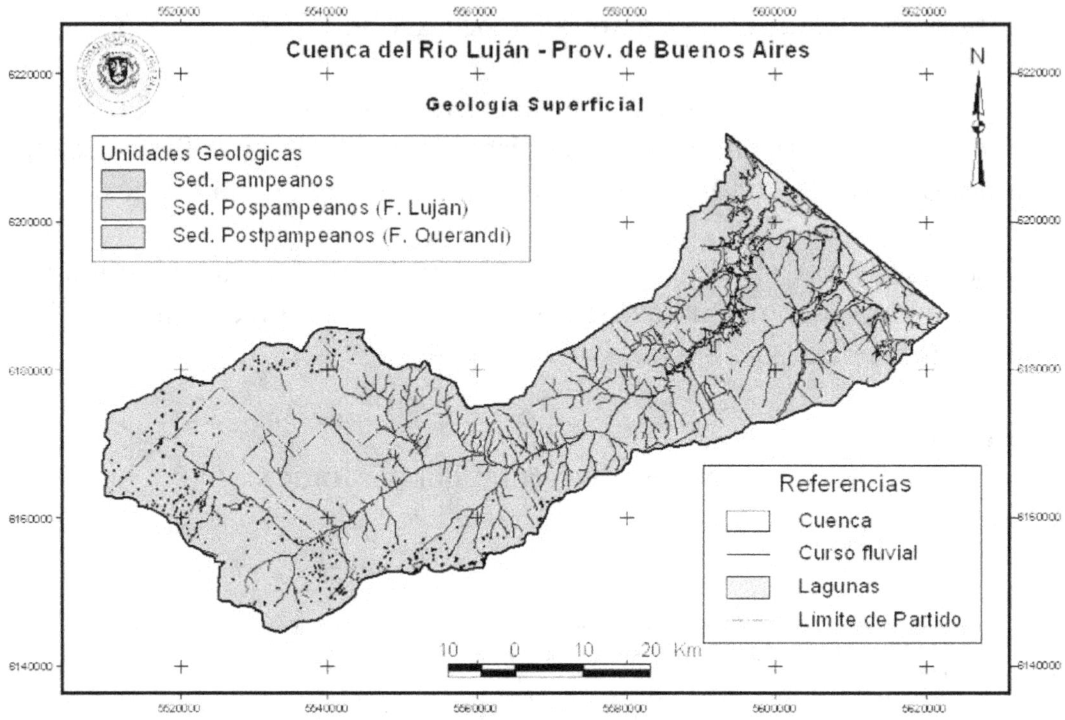

Los espesores para la Sección Pelítica no son muy conocidos dada la escasa información, pero superan los 10 m, y existen datos informales de que podrían reemplazar totalmente las arenas. Los máximos espesores se pueden encontrar en los partidos de Suipacha y Luján (oeste), observándose una tendencia a acuñarse hacia la zona de la costa, como muestran los perfiles de las figuras 6 y 7. Las Unidades del Pampeano presentan espesores medios de 25-30 m. En las proximidades de la planicie de inundación de la cuenca baja del río Luján, los Sedimentos Pampeanos se acuñan por debajo de los Sedimentos Postpampeanos. Los valores de espesor máximos para los Sedimentos Post-pampeanos pueden alcanzar los 30 m en la zona de planicie deltaica que flanquea el norte del curso fluvial.

114

Se puede observar que las Unidades Pampeanas presentan una profundización y un aumento del espesor en dirección Oeste (hacia el área del partido de Luján), con valores que alcanzan los 50 m. El espesor de los Sedimentos Pampeanos tiende a disminuir hacia el E con valores de pocos metros, hasta desaparecer del registro geológico. Los valores de espesor más altos encontrados para los Sedimentos Post-pampeanos se alcanzan en dirección a la costa, con valores de 30 m.

Los depósitos sedimentarios del Pleistoceno-Holoceno del área se hallan genéticamente vinculados, principalmente, a procesos glacieustáticos. Según Codignotto *et al.* (1987), el ascenso para ese sector fue de 12-14 m y verifica este fenómeno para toda la costa argentina entre Tierra del Fuego y Buenos Aires. Para González Bonorino (1965), la causa principal de ingresiones y regresiones marinas a las glaciaciones cuaternarias puede relacionarse con movimientos epirogénicos y orogénicos, que junto a otros factores causaran el mismo efecto.

En la cuenca baja del río Luján, Herrera (1993) establece depósitos en un rango de edades pleistocenas que superan los 25.000 años A.P., y otro de edades holocenas comprendido entre los 7000 años y el presente ambos separados por una fase transgresiva entre el Pleistoceno tardío y el Holoceno temprano. Esta propuesta ha sido extendida a otras áreas hacia el sur de la costa estuárica (Seoane *et al.*, 2004). El conjunto más antiguo correspondería a una fase de regresión correlacionable con el depósito del Bonaerense (Fidalgo *et al.*, 1975). Según González Bonorino (1965), se labraron y profundizaron los cauces de los ríos que integran el actual sistema hidrográfico del área.

Posteriormente, un progresivo retroceso de la línea de costa transformó en amplios estuarios las desembocaduras de los ríos bonaerenses y generó barrancas extensas y bien definidas. Esta fase de retroceso ocurrió entre los 7000 y 6000 años (Codignotto *et al.*, 1987). Los valores máximos acrecionales señalados por Codignotto *et al.* (1990) son del orden de los 60 km. Los estudios realizados acerca del patrón de oscilación del nivel del mar indican que la velocidad de ascenso continental durante el Holoceno tiene valores comprendidos entre 0,12 m y 1,63 m cada mil años (Codignotto *et al.*, 1987).

Según Frengueli (1950), el cambio entre el nivel más alto del mar y el inicio de la regresión está representado por una superficie de discontinuidad, la cual se manifiesta en la llanura costera por la disposición progradante de los depósitos superiores sobre los inferiores, cuyos registros sedimentarios se conocen como Querandinense y Platense. Violante *et al.* (1992) consideran este paquete sedimentario como una secuencia depositacional, integrada por una sucesión lateral y vertical de litofacies, agrupadas en dos subunidades atribuibles a un evento marino transgresivo y fluvial. Cada uno de ellos está formado por sistemas depositacionales correspondientes a sendos ambientes de sedimentación. El sistema estuárico se desarrolló dentro del paleocauce del Río de la Plata y especialmente en las áreas adyacentes al mismo. González Bonorino (1965) establece la edad de la depresión del Río de la Plata durante el Pleistoceno medio a superior. Parker (1990) afirma, además, que el mencionado valle presenta dos ciclos geomorfológicos: uno inicial, que generó el paleocauce, y otro posterior con el actual sistema de hoyas y canales.

La ausencia en el registro geológico de los Sedimentos Pampeanos ha sido atribuida a la acción de la erosión fluvial (González Bonorino, 1965) y al comienzo del retrabajo de los Sedimentos Pampeanos y su posterior depósito de las Unidades Post-pampeanas sobre la Formación Puelches (Amato, 1998).

El sistema deltaico comprende tanto la porción emergida del delta del Paraná como el Río de la Plata. En conjunto integran un delta complejo que evoluciona en un sistema fluvial-estuárico. Éste interrumpió, con su rápido avance, el desarrollo de las formas costaneras generadas por la deriva litoral al norte de la región (Herrera, 1993 y Seoane *et al.*, 2004).

Hidroestratigrafía y piezometría del acuífero libre

La propuesta hidroestratigráfica para la zona de la cuenca del río Luján se resume en la tabla 2 y comprende sólo la Sección Epiparaneana, dado que constituye los principales niveles de explotación del agua subterránea de la cuenca.

Tabla 2
Hidroestratigrafía de la cuenca del río Luján

Edad	Unidades Formacionales	Características hidrogeológicas
Holoceno	Sedimentos Post-pampeanos: Unidades Estuáricas y Deltaicas Formación Querandí Formación Luján	Acuíferos y acuitardos
Pleisto-Holoceno	Sedimentos Pampeanos: Formación Buenos Aires Formación Ensenada	Acuíferos
Pilo-Pleistoceno	Formación Puelches	Acuífero psamítico y Acuitardo pelítico
Mioceno	Formación Paraná	Acuitardo pelítico y Acuífero psamítico

Los Acuíferos Post-pampeanos (delimitados por la cota de 5 msnm) se han depositado en el área de la cuenca inferior, constituyendo las zonas bajas del río Luján. Los Acuíferos Post-pampeanos suprayacen a los Sedimentos Pampeanos, a excepción de aquellos casos donde los sedimentos se apoyan directamente sobre la Formación Puelches. El espesor máximo alcanzado en la cuenca es de 20 m, como se demuestra en los pozos realizados en los partidos de Escobar y Campana. Estos sedimentos pueden ejercer cierto grado de semiconfinamiento sobre las unidades acuíferas infrayacentes cuando su litología es fundamentalmente pelítica, como se puede observar en las planicies de inundación de los principales ríos. Este semiconfinamiento local puede manifestarse en áreas con cierto grado de *surgencia* de poca magnitud (+1 m, aproximadamente), a consecuencia de pequeñas diferencias topográficas con el área de recarga. En general poseen aguas de calidad salobre (entre 3000-6000 µS/cm) y parámetros hidráulicos pobres, pudiendo tratarse de unidades arealmente discontinuas. Sin embargo, contiene el acuífero libre en la cuenca inferior del río Luján.

Los Acuíferos Pampeanos en las planicies de inundación se acuñan al igual que los Sedimentos Pampeanos. El Acuífero Pampeano tiende a aumentar su espesor en dirección oeste, alcanzando los 50 m (e inclusive más hacia la zona de Suipacha). Al igual que en los casos anteriores, los Sedimentos Pampeanos pueden presentar profundizaciones locales de sus depósitos. Se trata de un acuífero en general libre y/o semilibre, aunque a mayor profundidad algunos horizontes pueden llegar a ser semiconfinados. La calidad de sus aguas es en general dulce entre 800 y 1.500 µS/cm, aunque al igual que el Post-pampeano, en áreas de planicie de inundación de la cuenca inferior puede ser salobre y alcanzar los 10.000 µS/cm.

El flujo subterráneo del acuífero libre, que contendría a este conjunto de acuíferos Pampeanos y Post-pampeanos, sería regionalmente de Oeste a Este (como muestra la figura 6, aunque los componentes) más locales del flujo, en condiciones naturales, descargan en la zona del cauce y planicie de inundación.

Figura 6
Mapa Freatimétrico de la cuenca del río Luján

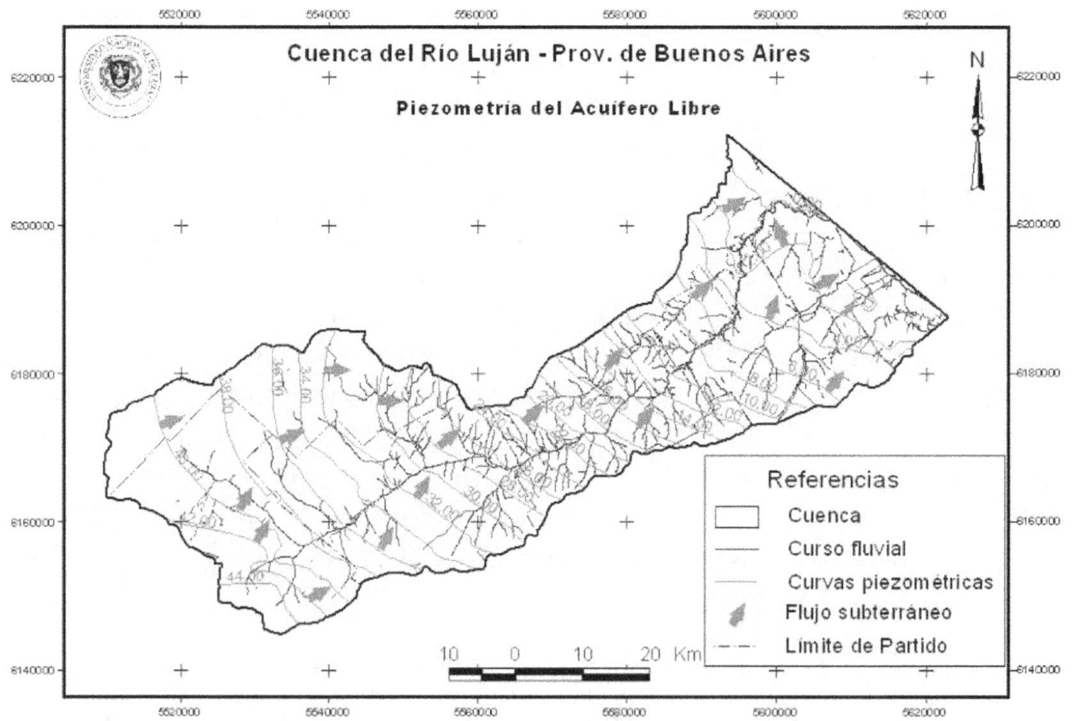

Los bombeos realizados para el abastecimiento de agua del Partido de Escobar (tanto del Acuífero Pampeano como del Puelches) generan un cono de depresión que es claramente visible en el área sudeste de la cuenca.

En aquellos casos en que los Sedimentos Post-pampeanos no se encuentren en el registro geológico, los Sedimentos Pampeanos aflorantes estarían expuestos a un mayor riesgo de contaminación, ya sea con nitratos, bacteriológica, así como con oligoelementos provenientes de residuos industriales.

El Acuífero Puelches mantiene valores de profundidad y espesor más homogéneos en la cuenca inferior y media, aunque comienza a profundizar hacia el Oeste en la cuenca alta, en dirección al límite con la cuenca del río Salado. Las profundidades de la base pueden alcanzar fácilmente los 125-150 mbbp en la zona de Suipacha–Chivilcoy. La calidad química es de aguas dulces entre 700-1800 µS/cm, alimentadas verticalmente por el Acuífero Pampeano. Los cambios químicos significativos, con aumentos de salinidad, se observan en las zonas de la cuenca inferior, con valores que pueden alcanzar hasta los 15.000 µS/cm, donde los Sedimentos Post-pampeanos marinos apoyan sobre esta unidad. En la cuenca alta hacia el Oeste se verifica otro cambio salino con aguas de hasta 5000 µS/cm.

Finalmente, el Acuífero Paraná es prácticamente desconocido en cuanto a sus características hidrogeológicas. Los pocos pozos que en la cuenca llegan, efectivamente, a alcanzar estos niveles –aislando los ya mencionados–, poseen valores de salinidad del 6000 µS/cm.

6. Bibliografía

Amato, S. D. (1998), "Caracterización morfológica de la Formación Puelche en el ámbito de la Provincia de Buenos Aires", X Congreso Latinoamericano de Geología y VI Congreso Nacional de Geología Económica, vol. 1, pp. 214-219.

Ameghino, F. (1909), *Le Diprothomo Platensis*. Anales Museo Nacional de Buenos Aires, tomo XIX (Serie III, Tomo XII), 107-209.

Auge, M. (1992), "Recarga y descarga del Acuífero Puelche en la cuenca del río Matanza, Pcia. de Buenos Aires, Rep. Arg.", IV Congreso Mundial de Recursos Hídricos, Buenos Aires, Argentina.

Auge, M.P. y M. Hernández (1983), "Características geohidrológicas de un acuífero semiconfinado (Puelche) en la Llanura Bonaerense. Su implicancia en el ciclo hidrológico de las llanuras dilatadas", Hidrogeología de las Grandes Llanuras, Actas del Coloquio de Olavarría. II 1019:1042, Buenos Aires, UNESCO-CANAPHI.

Bravard, A. (1858), "Monografía de los terrenos marinos terciarios del Paraná", Diario Oficial de Gobierno *El Nacional Argentino*; reimpresión 1884, *Anales*, 3, Museo Nacional de Buenos Aires, Buenos Aires, pp. 45-94.

Cappanini, D. y M. Mauriño (1966), "Suelos de la Zona Litoral Estuárica comprendida entre la Ciudad de Buenos Aires al norte y La Plata al sur", Buenos Aires, Argentina, publicación del INTA.

Codignotto, J. O., C. A. Beros y L. G. Trebino (1987), "Nuevo método cronoestratigráfico, Morfocronología en secuencia deposicional cordoniforme", Asociación Geológica Argentina, Rev. 42 (3-4), pp. 462-468.

Codignotto, J. O., R. R. Kokot y S. C. Marcomini (1990), "Modelo costanero del Cuaternario tardío, Argentina", Simposio Internacional sobre costas, La Plata, 19-20 noviembre, Res. 15.

Dalla Salda, L. (1999), "Basamento Granítico–Metamórfico de Tandilia y Martín García. Cratón del Río de la Plata", *Anales* 29, 4, SEGEMAR, Geología Argentina, Buenos Aires, pp. 97-100.

Doering, A. (1907), "La formation pampéene de Córdoba. Lehmann-Nitsche, Nouvelles recherches, etc.", *Rev. Museo La Plata*, XIV.

D'orbigny, A. (1842), *Voyage dans l'Amérique Meridionale, exécuté pendant les années 1826-1833. 3. Géologie*, París, Strassbourg.

EASNE (1972), *Estudio de Aguas Subterráneas del Noreste de la Provincia de Buenos Aires*, Provincia de Buenos Aires, Consejo Federal de Inversiones.

Frenguelli, J. (1950), "Rasgos generales de la morfología y la geología de la provincia de Buenos Aires", *Rev. LEMIT*, serie II, N° 33, La Plata.

Gatti, D. (2003), "Elementos Hidroestratigráficos para la protección de Acuíferos en el área del Conurbano Bonaerense y Ciudad de Buenos Aires", Beca de Iniciación del Instituto Nacional del Agua.

Gonzáles Bonorino F. (1965), "Mineralogía de las fracciones arcilla y limo del Pampeano en el área de la ciudad de Buenos Aires y su significado estratigráfico y sedimentológico", *Rev. de la Asoc. Geol. Arg.*, t. XX, N° 1, pp. 67-148.

Hernández, M. A. (1975), "Efectos de la sobreexplotación de aguas subterráneas en el Gran Buenos Aires y alrededores, República Argentina", Actas II Congr. Iberoam. de Geol. Econ., t. I, Buenos Aires, pp. 435- 456.

Herrera, C. (1993), "Evolución Holocena en Sectores de la Costa Bonaerense del Estuario del Río de la Plata", tesis de Licenciatura, Dpto. de Geología FCEyN, Universidad de Buenos Aires.

Nabel P., M. C. Camilión, G. Machado, A. Spiegelmam e I. L. Mormeneo (1993), "Magneto y Litoestratigrafía de los Sedimentos Pampeanos en los alrededores de Baradero", *Revista de la Asociación Geológica Argentina*, 48, 3/4, pp. 193-206.

Parker, G. (1990), "Estratigrafía del Río de la Plata", *Rev Asociación Geológica Argentina*, 45, 3-4, pp. 193-204.

Santa Cruz, J. N. (1997), "La Hidrogeología en la República Argentina-Evolución de la Actividad", Actas Asoc. Geol. Apl. Ing., vol. XI, pp. 203-209.

——— (1972), "Estudio Sedimentológico de la Formación Puelches en la Provincia de Buenos Aires", *Revista de la Asociación Geológica*, XXVII, N° 1, pp. 1-62.

——— (1993), "Aspectos hidrogeológicos e interpretación de una nueva característica formacional de subyacencia del Acuífero Puelches, Prov. de Bs. As., Argentina", *Temas Actuales de la Hidrología Subt.*, Univ. Nac. de Mar del Plata, CFI.

——— y A. A. Silva Busso (1999), "Escenario hidrogeológico de los principales acuíferos de la Llanura Pampeana y Mesopotámica Meridional Argentina", *Serie de Correlación Geológica*, N° 13, pp. 461-471.

——— y A. A. Silva Busso (2002), "Evolución hidrodinámica del agua subterránea en el conurbano de Buenos Aires, Argentina", *Boletín Geológico y Minero*, 113 (3), pp. 259-272.

——— y A. A. Silva Busso (1996), "Disponibilidad del Agua Subterránea para Riego Complementario en las Provincias de Buenos Aires, Entre Ríos, Córdoba y Santa Fe", PROSAP, Secretaría de Agricultura, Ganadería, Pesca y Alimentación, Argentina, inédito.

Seoane Borracer N. (2003), "Actualización de la Hidroestratigrafía del Conurbano Bonaerense y Ciudad de Buenos Aires", Instituto Nacional del Agua, informe de beca.

———, A. Silva Busso y D. Gatti (2004), "Atributos estratigráficos para la Protección Ambiental del Acuífero Puelches en la Ciudad de Buenos Aires y Área Metropolitana", *Revista AIDIS*, Asociación Argentina de Ingeniería Sanitaria, Argentina, N° 75, pp. 61-68.

Silva Busso, A. (2007), "Posibilidades de explotación del Acuífero Paraná en la cuenca inferior del Río Luján", Informe Técnico, Fundación ESCO-DELTA.

——— y J. N. Santa Cruz (2003), "Hidroquímica, contaminación y vulnerabilidad de las aguas subterráneas en el Partido de Escobar, Buenos Aires, Argentina", III Congreso Argentino de Hidrogeología y I Seminario Hispano-Latinoamericano sobre temas Actuales de la Hidrología Subterránea. Rosario, Santa Fe, Argentina, Actas, t. 2, pp. 353-362.

Teruggi, M. E., M. C. Etchichury y J. R. Remiro (1957), "Estudio sedimento-lógico de los terrenos de las barrancas de la zona Mar del Plata-Miramar", *Rev. Museo Argentino de Ciencias Naturales*, IV, 2.

Thornthwaite, C. W. (1948), "An approach toward a rational classification of climate", reprinted from *The Geographical Review*, 38 (1), pp. 55-94.

Violante, R. A., G. Parker, J. R. Cavallotto y S. Marcolini (1992), "La secuencia depositacional del Holoceno en el 'Río' de la Plata y plataforma del noreste bonaerense", IV Reunión Argentina de Sedimentología, La Plata, Actas I, pp. 275-282.

Wright, F. E. y C. N. Fenner (1912), "Petrographic study of the specimens of Loess, tierra cocida and scoria collected by the Hrdlicka-Willis expedition", *Smithsonian Inst., Bull.*, 52, Hrdlicka. Bur. Amer. Ethnol.

Yrigoyen, M. R. (1992), "Geografía y geología de Buenos Aires y su alrededores", rev. *Buenos Aires nos cuenta*, Buenos Aires, septiembre, pp. 4-18.

Capítulo V
Calidad del agua del río Luján

Aníbal Sánchez Caro

1. Un río pampeano

Los cursos de agua de la llanura pampeana se originan por el afloramiento de la napa freática en las depresiones del terreno. Discurren lentamente juntándose entre sí y aumentando progresivamente el caudal por un terreno fértil, pero mayoritariamente sin vegetación arbórea natural en sus márgenes. Dada la escasa pendiente general del terreno, los arroyos drenan amplias cuencas, en donde la escorrentía superficial es cuantitativamente menos importante que la infiltración. Es por esto que el agua subterránea que los alimenta aporta muchos elementos y sales disueltas en su paso por las capas de suelo y subsuelo. De allí que, con variantes regionales, lleven cantidades apreciables de carbonatos, cloruros, sulfatos, fosfatos y nitratos, calcio, sodio y potasio, entre otros iones. También transportan moléculas orgánicas en diferentes formas; algunas de ellas le dan una coloración marrón amarillenta característica a las aguas de los arroyos y ríos de la región. Durante las grandes lluvias, el agua también escurre superficialmente por el terreno para llegar a las zonas más bajas, transportando materiales particulados y disueltos desde la superficie del suelo.

La oferta de luz y nutrientes permite el buen desarrollo de comunidades vegetales asociadas a los cuerpos de agua, ya sea plantas de las orillas, flotantes y sumergidas, como algas suspendidas en el agua y, fundamentalmente, sobre el fondo y otros sustratos. La producción de estos organismos es la base de una estructura trófica de consumidores sucesivos. Se complementa con las comunidades de detritívoros y descomponedores, por lo que el río es un ecosistema complejo con flujos de energía y materia particulares, tanto biótica como abióticamente determinados.

El río Luján tiene una longitud aproximada de 135 km desde su origen en el Partido de Suipacha (como arroyo Los Leones, toma el nombre Luján a partir de su confluencia con el arroyo El Durazno) hasta su confluencia con canales y cursos de la cuenca del Paraná, en el Partido de Escobar. Hasta allí fluye en dirección predominante SO-NE, luego gira 90° hacia el SE y discurre por 40 km más hasta desembocar en el Río de La Plata. Los tramos de cabecera y de la cuenca baja, especialmente, tienen escasa pendiente y menor velocidad de corriente. En la cuenca media, el río ha socavado el terreno y está flanqueado por barrancas de varios metros de alto, y las aguas corren a mayor velocidad. Esta característica ha sido aprovechada para endicar sus aguas a la altura de Jáuregui y de la ciudad de Luján.

Las funciones naturales del ecosistema *río* (producción primaria, pastoreo, depredación, consumo de detritos, descomposición, absorción de nutrientes, transporte, dilución, etc.) brindan la posibilidad, largamente aprovechada por el hombre, de utilizarlo para la recepción de caudales y procesamiento de residuos líquidos; lo que suele llamarse *servicios* del ecosistema.

Relacionado con lo anterior, la *calidad* del agua del río (uno de los componentes del estado ecológico del sistema) se evalúa a través de numerosos parámetros físicos, químicos y biológicos. Para hacer un seguimiento del río Luján, los municipios de la cuenca toman periódicamente muestras en donde se mide (sin que sea una lista exhaustiva) temperatura, oxígeno disuelto, demanda biológica de oxígeno, demanda química de oxígeno, pH, conductividad, cloruros, sulfatos, fósforo, nitrógeno, bacterias coliformes y, con menor frecuencia, otros elementos y compuestos como metales pesados, fenoles, plaguicidas e hidrocarburos.

Dado que es un recurso natural, el río está bajo la tutela del Estado provincial, por mandato constitucional, y de los municipios que atraviesa, por complementación y por interés territorial. Los organismos implicados son la Autoridad del Agua, la Dirección de Hidráulica, los organismos ambientales provinciales y las áreas de Medio Ambiente y Obras Públicas municipales. Pero además funciona un Comité de Cuenca, que agrupa representantes de los gobiernos de los distritos que abarca la cuenca, y responde a lo establecido en la Ley Nº 12257, conocida como Código de Aguas de la Provincia de Buenos Aires.

2. Las descargas localizadas y su efecto sobre el río

Los principales aportes puntuales son descargas líquidas urbanas e industriales, que comienzan en la cuenca alta y se incrementan progresivamente aguas abajo, en la medida en que el uso agropecuario de la tierra es reemplazado por el urbano-industrial.

En la cuenca alta, el tributario arroyo El Durazno recibe descargas industriales (rubro lácteo) y de la planta de tratamiento de efluentes líquidos (PTEL) de la ciudad de Suipacha. No obstante, 15 km aguas abajo –a la altura de la localidad mercedina de M. J. García, con un caudal y una fisonomía ya característica de *río* (el curso del arroyo Los Leones ha confluido previamente con los arroyos El Durazno y Moyano)– no se encuentran evidencias importantes de que el río esté afectado por dichos vuelcos. En la ciudad de Mercedes existen descargas de las PTEL urbanas e industriales, lo mismo que a la altura de la localidad de Jáuregui y la propia ciudad de Luján, cuya PTEL vuelca al río un caudal diario de 11.000 m^3. El arroyo Gutiérrez, tributario del río dentro de este distrito, recibe vertidos de industrias textiles –que hasta el momento lo afectan seriamente–, unos 1800 m antes de su desembocadura. En la cuenca baja, el río recibe descargas importantes originadas en el Parque Industrial de Pilar, otras industrias y la correspondiente PTEL de esa ciudad. A partir de allí, también algunos tributarios se encuentran fuertemente afectados por descargas, pero, a su vez, a la altura de Escobar el curso principal se ve muy modificado por los elevados caudales provenientes de la cuenca del Paraná, en un entorno con fisonomía deltaica.

Las características del agua se ven alteradas por las descargas antes mencionadas y el sistema se recupera parcialmente en algunos tramos. A su vez, comienza a cargarse de sustancias que no se procesan completamente, parte de las cuales sedimentan en el fondo. La concentración de oxígeno disuelto es una variable que sintetiza varios aspectos del funcionamiento del ecosistema, y se ve alterada en muchos casos de contaminación. Aquí se toma como ejemplo de los efectos de los vertidos, la variación espacial de la concentración de oxígeno disuelto en el río desde las nacientes hacia la cuenca baja, como puede verse en el gráfico1.

Gráfico1

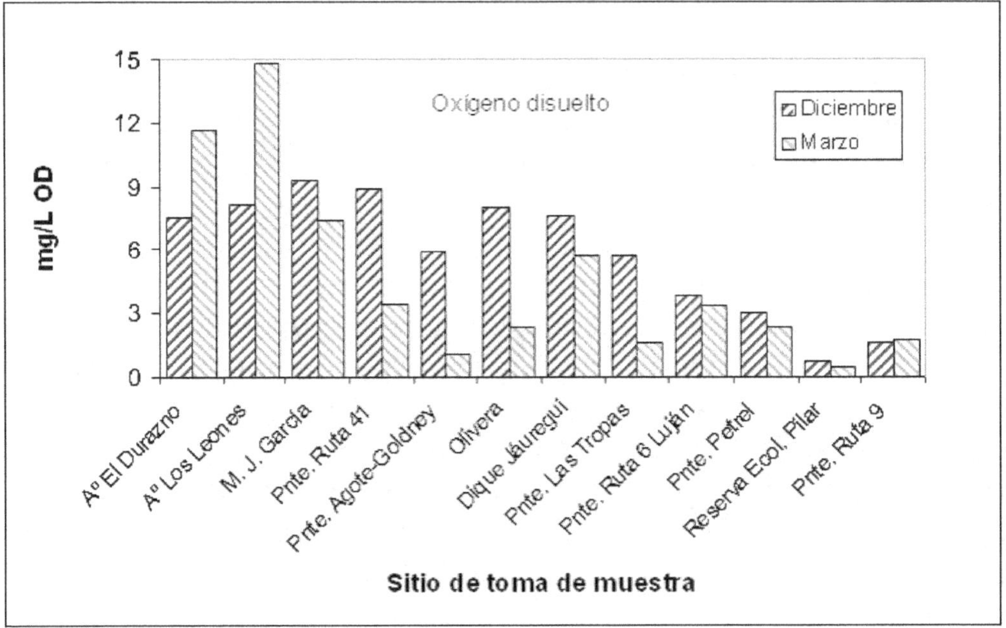

El gráfico 1 corresponde a datos de los años 2003/2004 tomados por el Comité de Cuenca en un período que resultó crítico, dada la reactivación industrial que estaba ocurriendo, en la que se observó que la puesta en régimen de las plantas de tratamiento tenía un retraso con respecto al incremento de la producción. También, durante esos años algunas PTEL urbanas funcionaron deficientemente por deterioro y falta de mantenimiento. Ambas circunstancias llevaron a que el río recibiera mayor cantidad de descargas insuficientemente tratadas, situación que se fue revirtiendo parcialmente en los años siguientes.

La cantidad de oxígeno disuelto (OD) en el agua resulta de un balance entre lo que se disuelve desde la atmósfera –donde el oxígeno es abundante– más lo que liberan los productores primarios dentro del cuerpo de agua (los aportes), y lo que se difunde hacia la atmósfera, más lo que consumen los organismos acuáticos en su respiración (las pérdidas). Si hay mucha materia orgánica (MO) disponible en un tramo del río, habrá mucho consumo de oxígeno por parte de microorganismos descomponedores y eso generará un descenso en la concentración de OD en el agua. Igualmente ocurre si el agua está muy turbia y la luz no puede penetrar, de tal modo que las algas o plantas sumergidas no consiguen fotosintetizar lo suficiente como para que se libere oxígeno en forma significativa.

Lo que se observa en el gráfico 1 es, justamente, consecuencia del vertido de residuos líquidos ricos en MO y sustancias oxidables en cantidades tales que requieren más oxígeno del que el río obtiene en su ciclo diario. Por lo tanto, el OD se hace deficitario a medida que el agua fluye hacia la desembocadura y va recibiendo descargas. La escasez de oxígeno altera la composición de las comunidades biológicas y los ciclos materiales. No obstante, estudiándolo por tramos se observa que en algunos sectores del río hay una recuperación, o al menos no hay un descenso en este parámetro indicador. Esto significa que persiste una cierta capacidad de autodepuración del sistema.

3. El río y las descargas en el Partido de Luján

El recorrido del cauce principal del río en este distrito es de unos 30 km, a lo largo de los cuales recibe efluentes directamente de las plantas de tratamiento de la ciudad y barrios cerrados y de industrias de los rubros textil, del cartón, del curtido, cervecero, matadero-frigoríficos, otras alimentarias, como así también de otras PTEL industriales que vuelcan al sistema cloacal de la ciudad (principalmente de los rubros lácteo, biotecnológico, textil).

Siguiendo con el aspecto del funcionamiento del ecosistema que se planteó antes, al sumar las descargas de efluentes se ha calculado que el río recibe unas cuatro toneladas de Demanda Química de Oxígeno (DQO)[6] diariamente, en ese tramo de 30 km. Los datos de

---

[6] La DQO es una medida de la cantidad de oxígeno necesaria para oxidar la mayor parte de las sustancias oxidables presentes en el agua. La DBO es una medida de la cantidad de oxígeno necesaria para que los microorganismos degraden la materia orgánica presente en la muestra.

oxígeno disuelto en el río indican que con esos vertidos se llega a consumir tanto oxígeno como el que se produce (la concentración de OD al inicio y al final del tramo es la misma). Por lo tanto, el río queda al límite de su capacidad de procesamiento en este aspecto, sin margen de respuesta adicional. Por ejemplo, si disminuye el caudal por falta de lluvias, o si los vertidos aumentan temporariamente por desperfectos en alguna PTEL, o si se instala una nueva industria con efluentes líquidos, el río manifestaría en este parámetro su deterioro (o sea, aumentaría la DQO y disminuiría la concentración de oxígeno del agua del río, lo que periódicamente ocurre).

En el gráfico 2 se puede observar un detalle de la variación en la concentración de OD desde que el río ingresa al Partido de Luján (localidad de Olivera), hasta el cruce con la ruta nacional 6, poco antes del inicio del territorio de Pilar, pasando por sitios potencialmente críticos como la desembocadura del arroyo Gutiérrez (Puente de la Tropas) y la depuradora cloacal de la ciudad. Los datos son el promedio de nueve meses de muestreo del año 2006.

Gráfico 2
Oxígeno disuelto en seis estaciones de muestreo a lo largo del Partido de Luján (las barras son promedios; las líneas, desvío estándar)

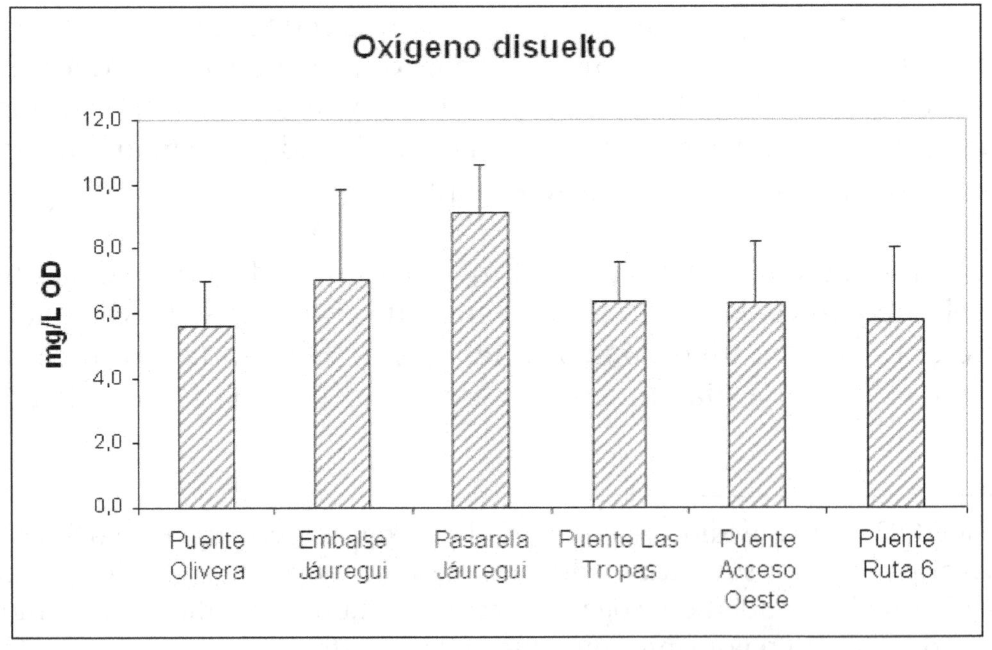

4. Consideraciones finales

Existen otros numerosos parámetros y características de un río que no se estudian regularmente en los planes de monitoreo actuales y que conviene tener en cuenta para monitorear su estado. Entre ellas mencionaremos la presencia o ausencia de ciertas especies y la composición de las comunidades biológicas; la disponibilidad de nutrientes para el crecimiento de las algas y plantas; la integridad de las márgenes y llanura de inundación; el vertido de sustancias tóxicas, o que alteran las funciones vitales de los organismos y dinámicas de las poblaciones (como disruptores endócrinos, plaguicidas, hidrocarburos, metales pesados). Algunas de estas sustancias han sido encontradas en el río Luján, y si bien no se conocen todos sus efectos sobre el sistema, ponen en riesgo su estado y resulta necesario tenerlas en cuenta en los planes de gestión de la cuenca.

Aquí se ha presentado sólo un aspecto de las alteraciones que el río experimenta como consecuencia de la actividad humana, en el que se aprecia que la cantidad de materia orgánica incorporada por vertidos es excesiva. En la bibliografía se podrán encontrar otros ejemplos de alteraciones antropogénicas del río Luján, tales como eutrofización, ecotoxicidad, alteración del proceso de descomposición, etc. También los organismos de gestión municipales y provinciales tienen registrados antecedentes de efectos sobre el río. Por ejemplo, la presencia de bacterias coliformes en mayor número de lo esperado en zonas cercanas a descargas de plantas cloacales. Se debe buscar el modo de estimar cuánto es capaz de procesar este ecosistema sin llegar a degradarlo. Debemos ponernos como objetivo el mantenimiento de la vida acuática, las funciones y la capacidad del ecosistema de resistir perturbaciones, y la posibilidad de aprovechamiento para recreación humana.

Lamentablemente, existen otros fenómenos de contaminación más difíciles de controlar que los vertidos regulares: las fumigaciones en los campos y el vertido clandestino puntual de residuos desde camiones tanque. Ocasionalmente, se han presentado mortandades de peces en arroyos y el propio río, las cuales, muy probablemente, se deban a este tipo de acciones (también se han registrado mortandades en veranos muy secos, cuando baja el caudal y aumenta mucho la temperatura del agua, lo que genera escasez de oxígeno).

El seguimiento del estado del río desde una perspectiva biológica y más integral no se ha establecido como práctica habitual desde los organismos de gestión, así como no se ha llegado aún a definir un plan integral de manejo y gestión específico para esta cuenca (aunque sí se han efectuado importantes estudios diagnósticos que constituyen una base indispensable para la planificación). Desde el punto de vista de la calidad del agua, es necesario prestar más atención a la remoción de nutrientes y otras sustancias que no se degradan en los tratamientos secundarios convencionales de efluentes. Existe un potencial poco aprovechado en efectuar tratamientos biológicos de bajo costo, como son los humedales artificiales para efluentes domiciliarios o industriales aptos. No obstante, hay iniciativas para promover este tipo de tratamientos desde varios organismos de gestión, por lo que es esperable que su uso se extienda en los próximos años, contribuyendo a la mejora del río. Un río que si bien es percibido por muchos pobladores como altamente contaminado –algunas veces más de lo que realmente está– y ciertamente muestra síntomas de degradación, también sostiene una importante vida acuática y un potencial de recuperación que no requiere, en términos relativos, de grandes inversiones, sino fundamentalmente de un fortalecimiento de las instituciones involucradas para profundizar las políticas de control, manejo y gestión.

5. Bibliografía

Di Marzio, W., M. Sáenz, J. Alberdi, M. Tortorelli y S. Galassi (2005), "Risk assessment of domestic and industrial effluents unloaded into a freshwater environment", *Ecotoxicology and Environmental Safety* 61, pp. 380-391.

Giorgi, A. (2000), "Costo de la contaminación del río Luján", *UNLu Ciencia* 2, pp. 42-47.

Guichón, M., M. Angelini, A. Benítez, M. Serafini y M. Cassini (1999), "Caracterización ambiental de la cuenca del río Luján (Argentina) aplicando dos metodologías de procesamiento de la información satelitaria", *Revista de Teledetección* 11, pp. 5-12.

Momo, F., A. Ventura y T. Maccor (2003), "Estado ecológico de la cuenca del río Luján", en *Las aguas bajan turbias*, org. G. Alsina, Universidad Nacional de General Sarmiento y Ediciones Al Margen.

O'Farrell, I. (2003), "Utilización de índices biológicos en la evaluación de la calidad de agua del tramo inferior del río Luján (Pcia. de Buenos Aires,

Argentina)", en *Las aguas bajan turbias*; org. G. Alsina, Universidad Nacional de General Sarmiento y Ediciones Al Margen.

Piccinini, M., S. Doyle, A. Sánchez Caro, J. Lobos, J. Sabels, F. Momo y P. Gantes (2005), "Resultados preliminares del programa de monitoreo de calidad de aguas del río Luján (provincia de Buenos Aires)", III Congreso Argentino de Limnología, Chascomús.

Piccinini, M., A. Sánchez Caro y A. Giorgi (2006), "Efecto del efluente de una planta depuradora urbana sobre el río Luján", IV Congreso de Ecología y Manejo de Ecosistemas Acuáticos Pampeanos, Chascomús.

Sánchez Caro, A., M. Banchero, S. Rivelli y E. Michanes (2006), "Carga de DQO y variación de oxígeno disuelto en un tramo medio del río Luján", IV Congreso de Ecología y Manejo de Ecosistemas Acuáticos Pampeanos, Chascomús.

Sánchez Caro, A., H. Calvo, R. Rioja, O. Salom y J. C. Suárez (2004), "Monitoreo de la calidad del agua del río Luján", III Congreso de Ecología y Manejo de Ecosistemas Acuáticos Pampeanos, Tandil.

Torremorel, A., P. Gantes y A. Sánchez Caro (2006), "Evaluación funcional del río Luján a través de la tasa de descomposición", XXII Congreso Argentino de Ecología, Córdoba.

Capítulo VI
Los productores primarios
de la cuenca del río Luján

Adonis Giorgi, Patricia Gantes y Aníbal Sánchez Caro

1. Introducción

En los sistemas acuáticos, la energía recorre dos vías principales. Una comienza en la materia orgánica originada en la vegetación y los suelos de la cuenca –que en el agua es ingerida por diversos grupos de animales y microorganismos– y es la *vía de los detritos*. El otro camino empieza con la fijación de la energía solar y su transformación en materia orgánica por los productores, que a su vez son consumidos por otros organismos, y esta es la *vía de la herbivoría*. Los cuerpos lóticos de la cuenca del Luján reúnen ciertas características que favorecen la producción primaria: adecuada insolación, pues la vegetación ribereña corresponde en general a pastizales o cultivos, de modo que el sombreado es reducido; poca velocidad de corriente, pues corren por una llanura de escasa pendiente y alto contenido de nutrientes.

Los organismos que denominamos *productores primarios* pueden reunirse en cuatro grupos principales: fitoplancton, ficoperifiton, fitobentos y macrófitas. El *fitoplancton* es el conjunto de organismos autótrofos, generalmente microscópicos, que viven suspendidos en la columna de agua. Su máxima densidad se encuentra en las aguas de mayor profundidad (cauce principal) y engloba un gran número de especies que varían en el transcurso del año en relación con el ingreso de contaminantes. El *ficoperifiton* está conformado por los organismos autótrofos, microscópicos o de pequeño tamaño, que viven relacionados a plantas u objetos sumergidos. El *fitobentos*, en cambio, es el grupo de autótrofos que vive sobre el fondo de los arroyos o del río, la mayoría son micróscópicos, pero algunos como los pertenecientes a los géneros *Cladophora*, *Vaucheria* y *Batrachospermum* alcanzan tamaños de 10 a 20 cm. Finalmente, se denomina *macrófitas* al grupo de plantas que pasan su ciclo de vida en el agua, y es en ellas donde además de fijarse el perifiton (que comprende tanto autótrofos como heterótrofos) encuentran refugio numerosos organismos que sirven de alimento a larvas de insectos y peces.

2. Las algas: productores microscópicos

Los organismos autótrofos que conforman el fitoplancton, perifiton y fitobentos son denominados, corrientemente, *algas*. En la cuenca podemos encontrar, en cuanto a abundancia, tres grupos principales (*cianophyta*, *bacillariophyta* y *chlorophyta*) y tres grupos menores (*euglenohphyta*, *xantophyta* y *rhodophyta*) con diferentes características ecológicas:

Cianophyta

Algas generalmente microscópicas, que no tienen el ADN dispuesto dentro de un núcleo verdadero. Pese a este tipo de características *primitivas*, son ecológicamente muy exitosas en todo tipo de ambientes y particularmente en los extremos, ya que suelen resistir grandes variaciones de acidez del agua, de luz, de temperatura y de nutrientes. Cuando hay exceso de fósforo en las aguas, como resultado de la contaminación producida por los efluentes urbanos y por lavado de fertilizantes de los campos, las cianofitas pueden proliferar debido a que tienen unas células especializadas (los heterocistos) que le permiten fijar nitrógeno atmosférico (muy abundante) y, por lo tanto, ser mejores competidoras que el resto de las algas en la utilización del fósforo disponible. ¿Por qué? Otros organismos también absorben fósforo, pero por falta de nitrógeno –elemento esencial para la fabricación de proteínas y numerosos compuestos– no lo podrán utilizar para su crecimiento. Las cianofitas, en cambio, al tener acceso a ambos elementos se desarrollarán más rápidamente. Las cianofitas también son capaces de sobrevivir en aguas con mucho sedimento, debido a que tienen pigmentos accesorios que les permiten captar luz aún a bajas intensidades. También poseen vacuolas gaseosas que les permiten subir y descender en la columna de agua para poder aprovechar los momentos de intensidad de luz más adecuados para la realización de la fotosíntesis. Esta serie de características les permiten ser muy exitosas y proliferar en determinadas condiciones de los cuerpos de agua, alcanzando una gran diversidad de formas. En la cuenca del Luján encontramos: flotantes o fijas, unicelulares (*Chrococcus*), coloniales (*Microcystis*), filamentosas sin ramificaciones y con células semejantes (*Oscillatoria*), o filamentosas sin ramificaciones con células diferentes (*Anabaena*) o con ramificaciones falsas (*Scytonema*, *Tolypotrix*) o verdaderas (*Schizotrix*). Muchas de las cianofitas aparecen en la orilla del río o de sus efluentes cuando el caudal es bajo, conformando una película verdosa. Algunas resisten ampliamente la desecación mediante unas células especializadas (los acinetos) y son las primeras en desarrollarse luego de lluvias. Otras liberan toxinas que producen mal olor o a veces mal sabor al agua o a los organismos que en ella viven.

Es poco común encontrar cianofitas en los arroyos sin contaminación de tipo industrial, pero sí están muy desarrolladas en el río y también aparecen en el arroyo Gutiérrez y en el arroyo Claro, luego del ingreso de efluentes de industrias textiles.

Bacillariophyta

Habitualmente conocidas como *diatomeas*, son los organismos más abundantes en condiciones *normales* en los ríos y arroyos. Sirven de alimento a los organismos de los que se alimentan los peces. Son unicelulares y pueden organizarse en colonias. Su característica más distintiva es que cada célula está encerrada en una caja de sílice (frústulo) transparente que permite el paso de luz, de modo que los organismos puedan fotosintetizar. La célula se comunica con el medio externo mediante aberturas o poros en el frústulo, que son utilizadas por los investigadores para identificar las especies. Son algas con clorofila-a igual que las cianofitas, pero también tienen clorofila-c, que les permite captar luz en otras longitudes de onda.

Muchas diatomeas que viven en el plancton desarrollan frústulos más livianos con muchas perforaciones (*Stephanodiscus*) o con prolongaciones que evitan su rápida caída al fondo. Por el contrario, las que viven en el fondo están adaptadas a recibir escasas intensidades lumínicas y tienen mecanismos para poder desplazarse sobre el sustrato (*Achnantes, Nitszchia*). Otras, como las que integran el perifiton, suelen estar completamente adheridas al sustrato (*Cocconeis*), o adherirse mediante pedúnculos de polisacáridos, que les permiten sobresalir del sustrato y recibir mayor iluminación (*Rhoicosphaenia, Gomphonema*). Algunas, como *Melosira*, pueden estar en distintas comunidades: en el fondo como células solitarias, suspendidas en el agua como pequeños seudofilamentos, o enredadas en la vegetación como seudofilamentos largos (hablamos de seudofilamentos dado que por ser formas unicelulares, al unirse una célula con otra tienen la apariencia de un filamento, aunque las células no tienen comunicación entre sí). Las diatomeas son de color pardo o marrón por la presencia de un pigmento llamado *fucoxantina*. Esta coloración hace que pasen bastante desapercibidas en las aguas de la cuenca, que suele tener coloración marrón producto de las sustancias húmicas presentes. Pese a que algunas pueden encontrarse en un rango muy amplio de características ambientales, otras sólo se desarrollan bajo ciertas condiciones. Estas últimas son utilizadas como *indicadores de contaminación*, ya que su presencia (o ausencia) permite establecer la calidad del río o de un arroyo no sólo en el instante que lo estamos observando, sino asociado a su historia previa.

En la cuenca, las diatomeas se han encontrado en todas las comunidades y en todos los sectores del río Luján y también en sus afluentes, excepto en los sitios de mayor contaminación.

Chlorophyta

Son algas con clorofila-a y b y almidón como sustancia de reserva. Estas características, junto con otras como la presencia de una pared celular, las asemeja mucho a las plantas, de las cuales son sus antecesores. Las clorofitas suelen desarrollarse en cuerpos de agua que tengan una cantidad considerable de nutrientes y muy buena iluminación, por lo que es raro encontrarlas en arroyos con árboles en sus márgenes. Hay una gran diversidad de formas de crecimiento en este grupo: unicelulares (*Chroococcus*), cenobiales (grupos fijos de organismos *Scenedesmus*), coloniales (*Pediastrum, Volvox*), filamentos simples (*Oedogonium, Spirogyra*) o ramificados (*Cladophora, Stigeoclonium*). También algunos géneros producen una diferenciación de tejidos (*Coleochaete*), aunque esto es más común en grupos que se desarrollan en el mar. Cuando se hallan presentes, las clorofitas son las que representan un porcentaje mayor de biomasa, dado que son las que alcanzan, comparativamente, tamaños mayores. También son las que –en condiciones de iluminación adecuada– pueden tener una mayor tasa fotosintética, brindando oxígeno a las aguas que será utilizado para respirar por otros organismos.

Algas de este grupo se han encontrado con mucho desarrollo en el plancton de zonas embalsadas (Jáuregui, Luján) y asociadas a la vegetación de los arroyos. *Cladophora* es una clorofita que se destaca por formar cabelleras de más de un metro en algunos sitios del río Luján. En la mayoría de los casos, este organismo además está profusamente colonizado por diatomeas. En zonas de aguas muertas en el río, aparece otra alga macroscópica denominada *Spirogyra*, que forma agrupaciones de algas flotantes con un amplio desarrollo al final del invierno y en la primavera, y son muy eficientes en la captación de nutrientes del agua. Si bien sobre *Spirogyra* no se desarrollan algas epífitas, suele haber muchos invertebrados que viven entre su masa flotante alimentándose de bacterias y pequeños organismos que se hallan a su alrededor. También hay invertebrados que construyen sus *casas* utilizando estas algas.

Euglenohphyta

Al igual que las clorofitas, presentan clorofila-a y b. Tienen dos flagelos: uno largo y otro más pequeño, rodeados por una película proteica que los aísla del medio externo pero permite el movimiento. Algunas formas están cubiertas, adicionalmente, por tecas de carbonato de calcio más o menos ornamentadas. Estos organismos son comunes en sitios donde las aguas tienen mucho sedimento y mucha materia orgánica, dado que si no obtienen la luz suficiente para poder sobrevivir mediante fotosíntesis, obtienen energía de sustancias orgánicas en solución.

Se han encontrado especies de este grupo en los arroyos más contaminados del río Luján: el Gutiérrez, cerca de Luján, Carabassa en la zona de Pilar, y los arroyos Claro y de las Tunas en la cuenca inferior del río. También se hallaron en el cauce principal, en los tramos medio e inferior.

Xantophyta

Se denominan *algas pardo-amarillas* por su coloración, debido a la presencia de clorofila-a y c (igual que las diatomeas) pero ausencia de fucoxantina.

Han sido halladas con poca frecuencia en la cuenca, aunque suelen aparecer en asociación con el perifiton, la unicelular *Characiopsis* y la filamentosa *Tribonema*. También se las ha encontrado en zonas húmedas de las márgenes del río.

Rhodophyta

Estos organismos son típicamente marinos, presentan clorofila-a, ficocianina y ficoeritrina, los mismos pigmentos que las cianofitas, pero las rodofitas son generalmente filamentos ramificados o tejidos. Hay un grupo que tiene formas de agua dulce, de las cuales se ha encontrado una especie del género *Batrachospermum* en algunos arroyos afluentes del río Luján. Este organismo ha sido citado para aguas corrientes no demasiado contaminadas y ha sido hallado recién en los últimos años, asociado al fondo o sobre plantas acuáticas. Es muy eficiente en la captación de energía lumínica y sobre él se fijan muchos organismos epifitos, tanto autótrofos como heterótrofos.

Otros grupos, como *chrisophyta* y *dinophyta*, presentan ocasionalmente ejemplares, pero nunca ha sido observada gran abundancia de ellos en la cuenca del río Luján.

Todas las algas mencionadas, además de producir oxígeno en las aguas del río y de los arroyos, sirven de alimento a microscópicos (ciliados, copépodos, rotíferos) o macroscópicos como crustáceos y larvas de insectos. Algunos no son ingeridos, aparentemente, por ninguno de los consumidores mencionados, como es el caso de *Spirogyra*. Sin embargo, hay una serie de organismos asociados a sus productos de exudación, que son rápidamente degradados por bacterias y hongos al morir.

3. Las macrófitas: productores macroscópicos

En la cuenca del río Luján se han encontrado más de 20 especies que se pueden agrupar en los siguientes tipos biológicos:

a) *Flotantes libres*: no están sujetas al sustrato y se encuentran en la interfase aire-agua. Las especies más comunes son las lentejas de agua (*Lemna gibba* y *Wolffia columbiana*) y más raramente, el helechito de agua (*Azolla filiculoides*).

b) *Sumergidas*: con excepción de las flores, la totalidad de sus estructuras están dentro del cuerpo de agua y pueden estar fijas o no al sustrato. En la zona suelen observarse elodeas (*Egeria densa* y *Elodea*), la cola de zorro (*Ceratophyllum demersum*) y *Potamogeton*.

c) *Arraigadas al sedimento, con hojas emergentes o flotantes*: incluyen especies como *Hydrocotyle ranunculoides*; el berro de agua (*Rorippa nasturtium-aquaticum*); la lagunilla (*Alternanthera phyloxeroides*); *Ludwigia hexapetala* con guías que se extienden sobre la superficie del agua; el helechito de agua (*Miriophyllum*), con hojas sumergidas y emergentes; la amapola de agua (*Hydrocleys nymphoides*) y las saetas (*Sagittaria* montevidensis). Dentro de este grupo se encuentran también los juncos (*Schoenoplectus californicus*) y las totoras (*Typha latifolia*), que forman manchones en algunas zonas de los arroyos y son particularmente abundantes en los bañados asociados a aquéllos.

Dónde se encuentran

Los arroyos de llanura suelen mostrar un patrón espacial común, consistente en la alternancia de ambientes remansados, anchos, con baja velocidad de corriente y sedimentos finos, y corredores de mayor velocidad, donde predominan los procesos erosivos. La distribución de las plantas acuáticas responde a esta variación espacial. En los remansos se da el mayor desarrollo de las especies flotantes y sumergidas. Por el contrario, en las zonas de mayor corriente se encuentran las especies arraigadas. Si se considera la sección de los arroyos, las especies arraigadas se hallan vinculadas a las costas, y algunas de ellas (como *H. ranunculoides*, *L. hexapetala* o el berro) extienden guías hacia el centro del cauce. Las sumergidas y flotantes se distribuyen en manchones o parches que pueden cubrir todo el ancho del arroyo cuando las condiciones son favorables.

Cómo se forman las carpetas flotantes

Durante el verano, los arroyos –y excepcionalmente tramos del río– suelen verse cubiertos por plantas flotantes, principalmente lentejas de agua. Estas especies son de muy rápido crecimiento (algunas especies duplican su biomasa cada 48 horas), pero para establecerse requieren zonas de aguas muertas, donde no sean arrastradas por la corriente. Los manchones de las otras plantas acuáticas crean sitios con estas características en los arroyos. De este modo, las especies sumergidas y arraigadas facilitan el anclaje de las flotantes libres. Una vez que estas últimas logran establecerse, como están en contacto con la atmósfera e interceptan la luz que llega al cuerpo de agua, pueden reproducirse rápidamente –sobre todo si los nutrientes son abundantes– y es así que cubren amplias extensiones. Estas carpetas flotantes alteran las condiciones físico-químicas en el cuerpo de agua; interfieren el paso de la luz que llega a disminuir hasta menos del 5%. También disminuyen el intercambio de gases con la atmósfera, de tal modo que el oxígeno se hace escaso y además aumenta la temperatura del agua en el estrato superficial. Estas condiciones afectan en gran medida a las comunidades biológicas que subyacen a las plantas flotantes. En particular, inhiben el crecimiento de las macrófitas sumergidas y el perifiton desarrollado sobre ellas.

El efecto de las crecientes

Ahora bien, esa carpeta flotante no es permanente en los arroyos. Aunque la velocidad de corriente media en la cuenca es lo suficientemente baja como para permitir el desarrollo de las macrófitas, durante el otoño y la primavera suelen producirse crecientes asociadas a intensas precipitaciones, que arrastran la mayor parte de la carpeta flotante. Las crecientes excepcionales que ocurren algunos años pueden arrastrar a casi todas las macrófitas. El restablecimiento de la comunidad se inicia con las sumergidas que han sido fragmentadas y que pueden desarrollar una planta entera a partir de cada fragmento.

4. Las macrófitas: ingenieros de los ambientes acuáticos

En las tramas alimentarias, las plantas acuáticas actúan como organismos productores y son consumidas por los herbívoros o, más comúnmente, por los detritívoros, representando una importante fuente de materia orgánica muerta. Pero aún más importante en estos ecosistemas es su participación en la organización del hábitat, al punto de poder considerarlas como "ingenieros de los ecosistemas". En efecto, las macrófitas aumentan la heterogeneidad ambiental, creando un sustrato para el desarrollo del perifiton y brindando alimentación, refugio y sitios para la puesta de huevos a numerosos invertebrados y peces.

Por otra parte, la presencia de plantas acuáticas altera las características físicas y químicas de los ambientes acuáticos. Las totoras promueven la sedimentación de las partículas que están en suspensión en el agua. Como dijimos anteriormente, las macrófitas alteran la penetración de luz en el agua. Por ejemplo, a medida que aumenta la biomasa de *E. densa*, disminuye el ficoperifiton sobre ella: el sombreado producido por las plantas impide la fotosíntesis en las algas, produciendo su muerte y posterior desprendimiento y sedimentación. Lo mismo ocurre con el fitobentos, cuyo crecimiento estacional es regulado por la abundancia de macrófitas sumergidas y flotantes.

Las macrófitas que crecen arraigadas al fondo pueden movilizar los nutrientes almacenados en él, vinculando los sedimentos con la columna de agua y a esta última con la atmósfera. Algunas de las especies enraizadas también promueven la oxidación de los sedimentos, facilitando la degradación de la materia orgánica y de sustancias como el amonio y el ácido sulfhídrico, que pueden resultar tóxicas para otros organismos acuáticos.

Si comparamos macrófitas, perifiton y fitobentos de la cuenca, las macrófitas alcanzan los valores más altos de biomasa y mayor producción por unidad de superficie, seguidas del perifiton y el fitobentos. Sin embargo, esto no significa que las macrófitas sean siempre la comunidad dominante, ya que disminuyen mucho su representación en invierno y con las crecientes. Por otro lado, las macrófitas son ingeridas por pocos organismos, en tanto que el perifiton y el fitobentos son explotados por la mayor parte de los integrantes de la red trófica de estos ambientes.

Sin algas ni macrófitas no habría demasiadas diferencias entre un río y un canal de cemento que transporte agua. Éstos son los principales organismos responsables de los procesos de autodepuración de las aguas del río, porque entre otras cosas pueden aportar el oxígeno que facilita la descomposición de la materia orgánica por parte de detritívoros y microorganismos. Los productores, tanto algas como macrófitas, están en la base de los ecosistemas acuáticos, y su riqueza depende de la multiplicidad de ambientes representados en la cuenca. No sólo constituyen la fuente alimentaria de los organismos que viven en el agua, sino también de otros que sólo pasan allí parte de su ciclo de vida (insectos, anfibios) o de los que utilizan los cuerpos de agua de la cuenca como zona de alimentación y nidificación (es el caso de numerosas especies de aves, algunos mamíferos y reptiles). Por esta razón, la biodiversidad en la cuenca depende del mantenimiento de la heterogeneidad ambiental.

5. Glosario

AUTÓTROFOS: organismos que producen su propio alimento (materia orgánica) a partir de materia inorgánica y energía. Son los productores primarios.

BIOMASA: cantidad de materia viva por unidad de espacio (superficie o volumen).

CENOBIO: agrupaciones de organismos similares en número fijo; alude a lo que ocurría en algunos monasterios en la edad media.

CLOROFILA: es un pigmento capaz de captar la energía solar que interviene en la fotosíntesis y permite que los autótrofos realicen distintas reacciones químicas con esa energía. Hay varios tipos de clorofila que captan distintas longitudes de onda.

DETRITOS: son los restos de materia procedente de los organismos muertos (materia orgánica e inorgánica) y de material inorgánico.

EPÍFITO: organismo que crece sobre un organismos vegetal sin parasitarlo.

ESPECIES: conjunto de organismos que son real o potencialmente interfértiles.

HETERÓTROFOS: organismos que no generan su propio alimento y necesitan proveerse de materia orgánica y alimentarse de otros, ya sea a partir de organismos que estén vivos o muertos. Son los consumidores de las redes tróficas.

MATERIA ORGÁNICA: son los compuestos de carbono que incluyen las moléculas que forman los seres vivos.

PRODUCTORES PRIMARIOS: aquellos organismos que fijan la energía proveniente del sol mediante fotosíntesis y producen sustancias orgánicas. Son la base de las redes tróficas.

SUSTANCIAS HÚMICAS: compuestos orgánicos de alto peso molecular y muy lenta degradación a sustancias más simples.

Capítulo VII
Relevamiento de especies forestales a través de fotografías aéreas. El caso de la reserva urbana Quinta Cigordia, Luján

Leonardo Di Franco

1. Las reservas naturales urbanas

Las *reservas naturales urbanas* son áreas naturales o silvestres que cuentan con reconocimiento de instituciones privadas o gubernamentales, y se diferencian de otros espacios verdes como parques y plazas, ya que presentan fines educativos. Surgen como una nueva forma de proteger los remanentes de naturaleza frente a la constante expansión de las ciudades. Ofrecen el marco propicio para promover la educación ambiental, la formación y desarrollo de hábitos conservacionistas, la participación ciudadana, la conservación de la biodiversidad y los ecocorredores biológicos. Se encuentran ubicadas en espacios próximos a las ciudades o adentro de ellas.

La provincia de Buenos Aires cuenta con 14 áreas denominadas Unidades de Conservación, que cubren 85.000 hectáreas, representando el 0,24% de la superficie total de la provincia, y se encuentran bajo el Sistema de Áreas Naturales Protegidas de la Provincia de Buenos Aires (SANPPBA). En la actualidad existen numerosos proyectos para la creación de este tipo de áreas protegidas. La ciudad de Luján ofrece una variada oferta de espacios verdes, pero no cuenta aún con una reserva urbana natural donde se puedan realizar actividades educativas y de interpretación de manera integral.

A partir de la Coordinación de Educación Ambiental, dependiente de la Secretaría de Salud y Medio Ambiente de la Municipalidad de Luján, se está llevando a cabo un proyecto de creación de una Reserva Urbana Natural en la denominada Quinta de Cigordia. Este predio ha sido declarado Reserva Forestal mediante la Ordenanza N° 3075 del año 1993, por lo cual cuenta con un reconocimiento municipal. La gestión de este espacio verde contempla tres ejes principales: educación, turismo e investigación.

El eje de investigación contempla la realización de pasantías y trabajos de investigación. Este el marco dentro del cual se desarrolló el presente trabajo de pasantía. Su fundamentación radica en una situación generalizada de escasa disponibilidad de información objetiva, confiable y oportuna sobre los recursos productivos y del ambiente, ya sea por desactualizaciones o por inexistencias.

La información proveniente de sensores ubicados en plataformas remotas para el monitoreo y gestión de recursos naturales y la integración de los datos en Sistemas de Información Geográfica son parte importante de la respuesta que la tecnología ha dado a este problema. La carrera de Técnico Universitario en Información Ambiental brinda las herramientas necesarias para la utilización de estas técnicas y para generar información que llene el vacío mencionado.

2. Características del trabajo

El *relevamiento de especies forestales a través de fotografías aéreas* permitirá contar con información actualizada y confiable en formato digital de las formaciones forestales existentes.

En el marco del trabajo de pasantía, el licenciado Sergio Rossi (INTA-Castelar) fue el tutor designado por parte de la Universidad Nacional de Luján, mientras que el licenciado Javier González, Coordinador de Educación Ambiental del Municipio, fue el tutor designado por la Municipalidad de Luján.

Los lugares donde se llevaron a acabo las distintas actividades fueron: la Dirección de Bromatología del Municipio, la Reserva Cigordia y el Laboratorio de PRODITEL de la Universidad Nacional de Luján, donde se analizó la información y se confeccionó la cartografía, durante los meses de febrero y agosto de 2004.

El objetivo general consistió en realizar un relevamiento de especies forestales a través de fotografías aéreas. Para ello, se desarrollaron los siguientes objetivos específicos: 1- Integrar los datos obtenidos en un Sistema de Información Geográfica; 2- Cuantificar la superficie forestal discriminando unidades cartográficas, y 3- Generar cartografía temática de las diferentes unidades.

Para el desarrollo del trabajo se contó con el siguiente material:

- Fotografías aéreas de 1996 (cedidas por la Municipalidad de Luján).
- Imagen Landsat/TM, cuadro 225-084 con fecha 7 de octubre de 2002 (cedida por PRODITEL).
- Mapas Catastrales (cedidos por la Municipalidad de Luján).

Para el procesamiento de las fotografías aéreas se utilizaron los siguientes programas: Corel Photo Paint 11, Erdas Imagine 8.4, Arc View Gis 3,2 y Geographic Calc. 4.0.

El procesamiento de las fotografías aéreas, las impresiones y su posterior interpretación se llevó a cabo en el Laboratorio de PRODI-TEL de la Universidad Nacional de Luján, con el siguiente equipo: PC personal Pentium III monitor 17", plotter Designjet 2500 CP y un GPS Trimble.

Fotografías aéreas originales. Las fotografías aéreas que se utilizaron para el relevamiento de las especies forestales fueron suministradas por la Municipalidad de Luján en formato CD-ROM. Pertenecen a un relevamiento aerofotográfico realizado en el año 1996 con fines catastrales.

3. Área de estudio

El Partido de Luján se encuentra ubicado al oeste de la Provincia de Buenos Aires, a 67 km de la Ciudad Autónoma de Buenos Aires, capital de la República Argentina (Figura 1). Cuenta con una superficie aproximada de 800 km^2 y su población asciende a los 93.980 habitantes, de acuerdo con el Censo Nacional de Población, Hogares y Viviendas del año 2001. Las vías de comunicación la ubican en un lugar estratégico y distribuidor del tráfico desde y hacia el interior del país, y con estrecha vinculación en el tráfico relacionado con el MERCOSUR. Luján es una ciudad turística por excelencia, presenta un patrimonio histórico-religioso y cultural que la convierten en uno de los centros más importantes del país. Es por ello que recibe millones de turistas a lo largo de todo el año. Desde el punto de vista geomorfológico, el Partido de Luján se encuentra ubicado en la denominada *Pampa ondulada* con leves pendientes y ondulaciones.

Fitogeográficamente, el partido se encuentra ubicado en la región denominada *Pampa* (también llamada Llanura o Pradera pampeana), de acuerdo con la *Fitogeografía de la República Argentina*, de Ángel Cabrera. Las principales características de esta formación son el pastizal templado, con el flechillar como comunidad dominante y predominancia de gramíneas; también se encuentran pastizales halófilos, pajonales diversos y comunidades boscosas. Con respecto a las especies de fauna, se destacan los grandes herbívoros, ciervo de las pampas y guanacos, hoy prácticamente desaparecidos. Además, los carnívoros puma, gato montes, zorro gris pampeano, zorrino y hurón. También se pueden encontrar otros mamíferos como la vizcacha, cuis, coipo, armadillo, comadreja, y entre las aves encontramos garzas, gallaretas, cigüeñas, biguás, etc. Las especies forestales que se encuentran en la actualidad son en su mayoría exóticas, introducidas al país en diferentes etapas o bien nativas de otras regiones. Esto se deba a que la región no se caracteriza por especies forestales nativas, con excepción del Tala (*Celtis tala*), entre otros.

El clima del partido, de acuerdo a la clasificación efectuada por Koeppen, pertenece al tipo CFa: templado húmedo, con verano muy cálido. Los vientos predominantes son del NE-NO correspondientes a masas húmedas y SO, a masas secas. Las precipitaciones presentan un promedio anual de 950 mm. El promedio de temperaturas estivales es de 25 °C, mientras que las invernales no superan, en promedio, los 9,5 °C con baja amplitud térmica.

Figura 1
Ubicación del Partido de Luján

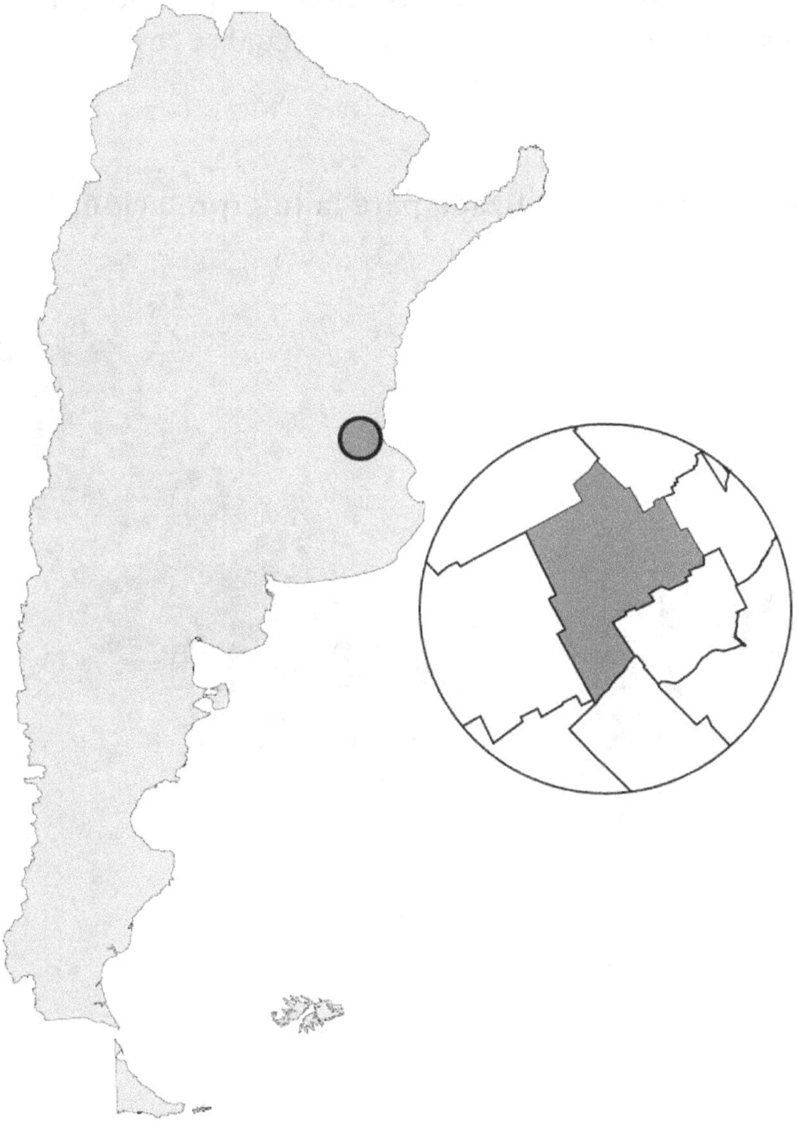

Debido a que el área bajo análisis se encontraba totalmente comprendida en las dos fotografías mencionadas, la interpretación visual del predio pudo realizarse sobre la pantalla del monitor sin el riesgo de perder la visión sinóptica que brinda en formato papel.

Previamente a la interpretación visual, las fotografías fueron procesadas digitalmente a fin de obtener productos de alta calidad que facilitaran la extracción de información. Este tratamiento incluyó: ajuste de contraste, realce de bordes, unión de las fotografías, georeferenciación y enmascarado de los límites del predio.

El resultado final de estos procesos produjo una fotografía con el área de la Quinta Cigordia georeferenciada y la calidad necesaria para la interpretación visual de las diferentes unidades. En la Figura 2 se muestra la imagen resultante, con la cual se realizó el inventario forestal.

Figura 2
Imagen resultante utilizada para la interpretación visual

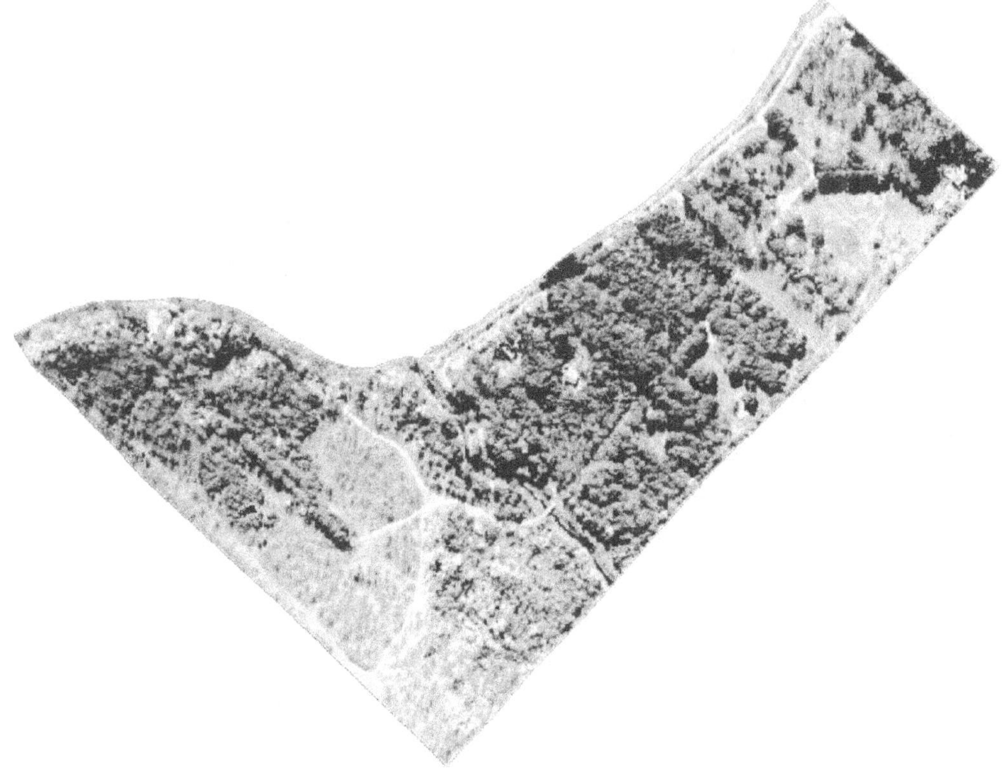

4. Criterios visuales para la identificación de unidades

Para el análisis de la fotografía aérea y su posterior discriminación en diferentes unidades forestales, se tuvieron en cuenta diferentes criterios. Debe aclararse que en el análisis visual, la experiencia del foto-intérprete juega un papel fundamental que condiciona los resultados, ya que es él quien introduce criterios complejos. Los elementos considerados son: color, tono, textura, distribución, forma, sombras, etc., que resultarían muy difíciles de definir en clasificaciones digitales con fotografías pancromáticas. En la Figura 3 se observa un esquema de la organización de los diferentes criterios según su grado de complejidad y las variables involucradas (adaptado de Chuvieco, 2000). Aplicados dichos criterios de identificación, se continuó con el siguiente paso que consistió en determinar las unidades cartográficas.

Figura 3
Organización jerárquica de los diferentes criterios para la interpretación visual

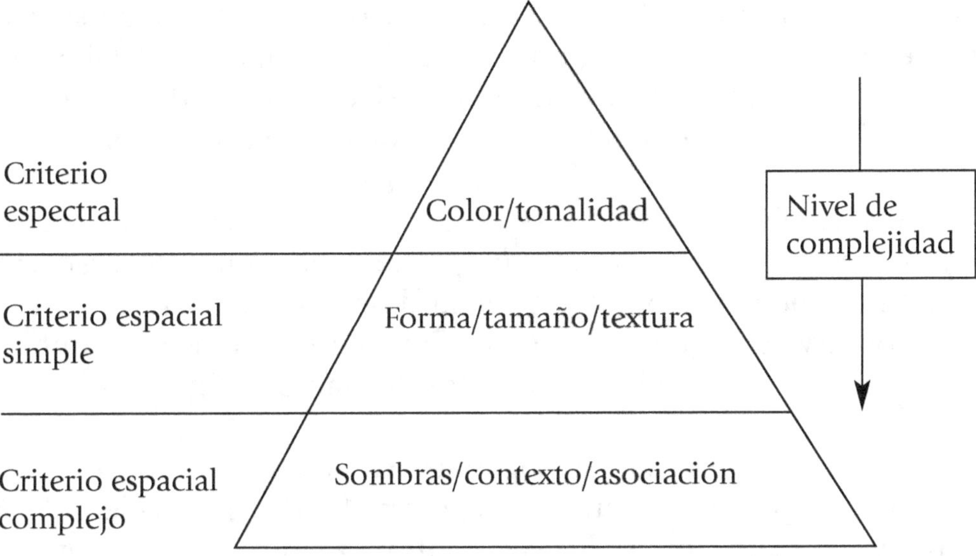

Para la determinación de las unidades y su posterior digitalización sobre la pantalla, hay que tener en cuenta que en la naturaleza los límites no se manifiestan de manera tajante ni precisa. Los cambios se manifiestan de manera gradual y la imagen interpretada es un ejemplo de ello. Es así que existen dos consideraciones para la discriminación de las unidades:

- Intra-unidad: no existe una homogeneidad con respecto al tipo de especies que se pueden encontrar en las diferentes unidades. Cada una de ellas presenta una mezcla variada de especies. Por lo general, existe una que por diversas razones (suelos, nutrientes, humedad, etc.) predomina sobre el resto.

- Inter-unidad: para el caso de los límites entre las diferentes unidades tampoco existe un patrón preciso. Éste se determinó a partir del análisis de la fotografía aérea y de las visitas a campo.

Una vez que se obtuvo un mapa preliminar de unidades, se visitó el predio en diferentes oportunidades con el fin de determinar la composición y los límites de las diferentes unidades.

Del resultado de esa interacción entre interpretación visual y visita al terreno, se determinaron <u>siete unidades</u>. Seis de ellas corresponden a unidades con predominio o asociación de una o más especies que fue posible determinar a través de la interpretación visual, y una séptima que corresponde a ejemplares aislados que se detectaron en las visitas al campo y que no era posible determinar por separado.

Unidad Ac: Esta unidad corresponde a una formación homogénea de Acacia negra (*Gleditsia triacanthos*), que tiende a la monoespecificidad en ambientes propicios para su desarrollo y propagación. Si bien se observa una gran homogeneidad en esta población, también pueden encontrarse ejemplares adultos de álamos y ligustros.

Unidad Li: Esta unidad se encuentra caracterizada por el predominio de ejemplares de Ligustro (*Ligustrum lucidum*). Los ejemplares de Ligustro son árboles maduros y su altura media es de 10 metros.

Unidad Li-Ac: En esta unidad encontramos un co-dominio de especies asociadas, compuesta principalmente por ejemplares de Ligustro y Acacia.

Unidad Al: Esta clase temática presenta predominio de Álamo blanco. Los ejemplares son adultos y de gran porte.

Unidad FR: La unidad está comprendida por ejemplares de diversas especies. Podemos encontrar como ejemplares característicos de esta unidad al Sauce criollo (*Salix humboldtiana*), Fresno, Árbol del cielo, Mora blanca (*Mora alba*) y Mora negra (*Mora nigra*), Falso Café (*Manihot Flabelifolia*), Tala, Olmo (*Ulmus Sf*), Álamo y Paraíso.

Unidad Herb: Esta unidad está caracterizada por el predominio de especies herbáceas, en particular gramíneas cespitosas de los géneros

Stipa, Aristida, Poa, etc. Son claros que se encuentran en la parte delantera del predio o siguiendo los senderos y caminos del predio.

Unidades Ejemplares: En esta unidad se incluyen los ejemplares aislados de diferentes especies que si bien en muchos casos no son identificables, en la interpretación visual presentan alguna característica en cuanto a su porte, antigüedad, valor paisajístico u otra cualidad, y que es necesario contemplar en este inventario. Encontramos ejemplares de Ciprés (*Cupressus sempervirens*), Araucaria (*Araucaria araucana*), Tala, Plátano (*Platanus x acerifolia*), Casuarina (*Casuarina cuminghamiana*), etc.

Unidad Eu: Esta unidad está representada por ejemplares de gran porte de Eucalipto colorado (*Eucaliptos camandulenses*). Se encuentran ubicados en la entrada, junto al casco de lo que fue originariamente la Quinta y a modo de cortinas en todo el largo del límite sur.

5. Integración de los datos en un Sistema de Información Geográfica

Una vez relevadas las diferentes unidades determinando sus límites y el predominio de especies en cada una, se procedió a integrar los datos obtenidos en un Sistema de Información Geográfica (SIG), considerando que esta herramienta será la base con la cual se trabajará a fin de incorporar todos los datos que se generen posteriormente. En este sentido, los datos de localización expresados en grados, minutos y segundos se convirtieron a la proyección oficial adoptada por la República Argentina (Proyección Conforme Gauss-Kruger).

Las diferentes unidades fueron digitalizadas desde la pantalla del monitor. De esta manera, con cada polígono generado se creó un registro en una base de datos asociada a cada unidad, que permitió calcular la superficie de cada polígono y asignarle un color particular a cada unidad. Con esta información se generaron tres mapas temáticos con los resultados del inventario.

Mapa 1
Fotografía aérea con las diferentes unidades forestales y los senderos utilizados para la interpretación visual en la Quinta Cigordia

En el Mapa 1 se pueden observar: la infraestructura del predio, los senderos existentes que se utilizaron para la realización del relevamiento y la red hidrográfica.

Mapa 2
Unidades forestales en la Quinta Cigordia

En el Mapa 2 se detallan las diferentes unidades forestales discriminadas a partir de las fotografías aéreas.

Mapa 3
Cortinas forestales y ejemplares aislados en la Quinta Cigordia

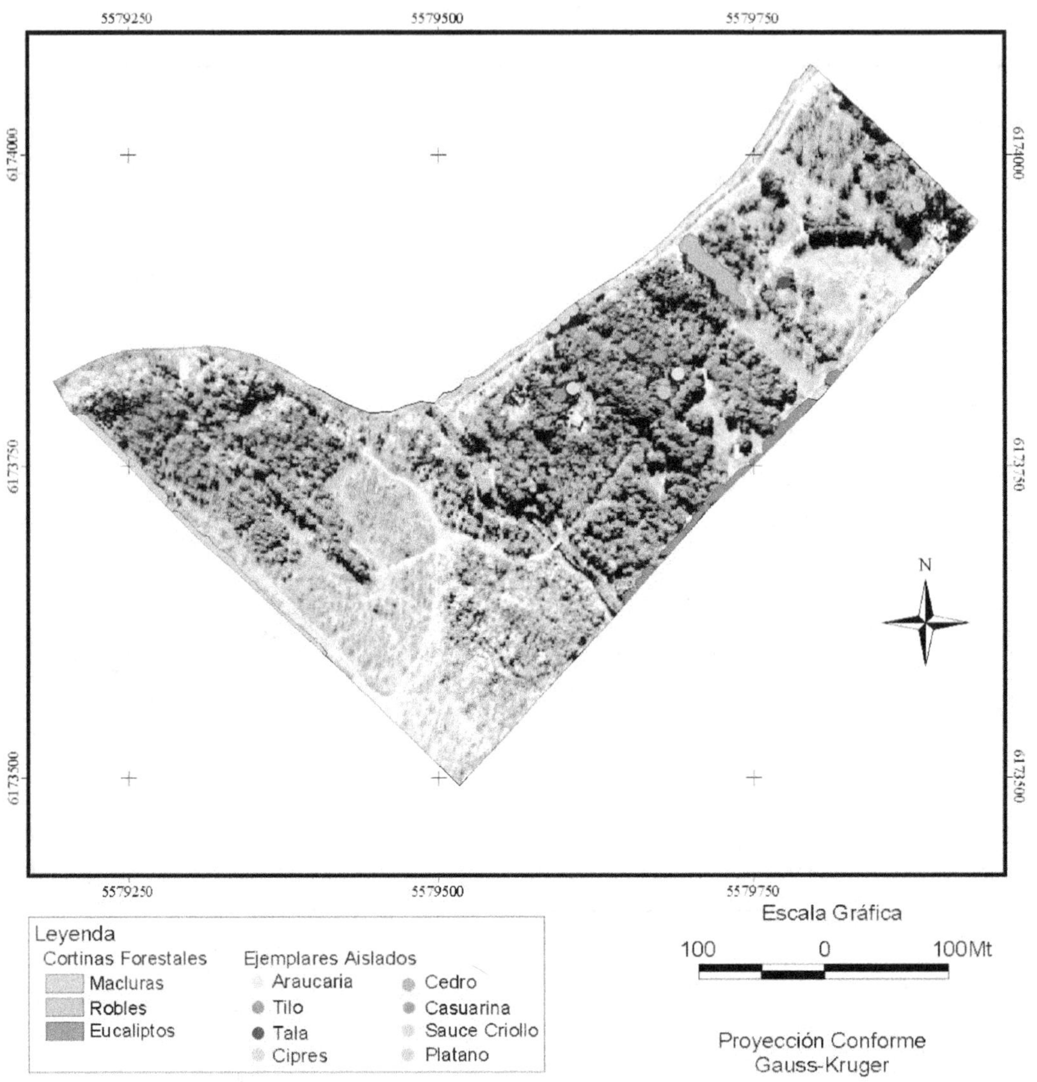

El Mapa 3 muestra los diferentes ejemplares con valor ornamental y las cortinas forestales existentes en el predio.

6. Conclusiones

Para el inventario se relevó la totalidad de la superficie del predio: 15,2 ha aproximadamente. De las cuales 9,68 ha corresponden a unidades forestales, y el resto a infraestructura, especies herbáceas y otros, como senderos y caminos. La Tabla 1 muestra los resultados discriminados en las diferentes unidades y la superficie que ocupan sobre el total del predio.

Tabla 1
Resultados finales del inventario

Unidad	Superficie (ha)	% del total
Ligustro	2,78	18,3
Ligustro-Acacia	2,77	18,2
Acacia negra	2,26	14,8
Herbáceas	1,38	9,1
Álamo	0,95	6,2
Eucalipto	0,5	3,3
Franja de Ribera	0,42	2,8
Otros	4,14	27,2
Total	15,2	99,9

En menor medida, también se encuentran ejemplares dispersos de las siguientes especies: *Manihot Flabelifolia* (Falso café), *Ulmus Sp* (Olmo), *Acer negundo* (Acer), *Morus alba* (Mora blanca), *Morus nigra* (Mora negra), *Maclura pomifera* (Toronja), *Ficus carica* (Higuera), *Quercus robar* (Roble europeo), *Ailanthus altísima* (Árbol del cielo), *Bahuinia candicans* (Pezuña de vaca), *Robinia seudoacacia* (Acacio bola), *Fransinus trifoliata* (Naranjo trébol), entre muchos otros que a medida que sean identificados se incluirán en el inventario.

Con la realización de este relevamiento de especies forestales, se cuenta con información objetiva y actual de las especies que se encuentran en la Reserva Forestal Quinta Cigordia.

A partir de la interpretación visual y las sucesivas visitas al lugar, se discriminaron siete unidades correspondientes a especies o asociaciones entre ellas, que sumadas representan 11,06 ha sobre 15,2 ha que presenta el predio. El Ligustro con 18,3% y la asociación Ligustro y Acacia negra con 18,2% son las formaciones que predominan sobre el resto, mientras que la unidad Acacia negra representa el 14,8% de la superficie y la unidad que corresponde a especies herbáceas cuenta con 9,1%. Entre las unidades con menor superficie se encuentran: el Álamo con 6,2%, el Eucalipto con 3,3% y la Franja de Ribera con 2,8% del total relevado. La unidad denominada *Otros* (que agrupa a los senderos, caminos, infraestructura edilicia, etc.) ocupa el 27,2% de la superficie. Es de destacar que ninguna de las unidades cartografiadas corresponde a especies nativas o de regiones fitogeográficas próximas

La metodología planteada ofrece, en este tipo de formaciones, un alto grado de confiabilidad, permitiendo determinar espacialmente las diferentes unidades discriminadas. Es posible, también, utilizarla en formaciones con características similares, y la integración de los datos en un SIG permite realizar análisis y agregar información de manera rápida a medida que se va generando.

7. Bibliografía

Aves Argentinas (2004), <http://www.avesargentinas.org.ar/aa/index.html>.

Cabrera, Ángel (1971), *Fitogeografía de la República Argentina*, Boletín de la Sociedad Argentina de Botánica, Buenos Aires, Eudeba.

Chuvieco, Emilio (2000), *Fundamentos de Teledetección Espacial*, 3ª edición revisada, Madrid, RIALP.

Erize, F. (dir.) (1997), *El nuevo libro del árbol. Tomos I, II y III Especies forestales de la Argentina*, Buenos Aires, El Ateneo.

Goldberg, S., I. Cirera, M. Parella, A. Benítez, L. Bulos y A. Troncoso (1995), "Caracterización climática y agroclimática de la cuenca del Río Luján", en Resúmenes Jornada sobre la cuenca del Río Luján, pp. 13-19.

López Vergara, M. L. (1978), *Manual de Fotogeología*, 2ª edición, Publicaciones Científicas de la Junta de Energía Nuclear, M. L. Editorial Servicio de Publicaciones de JEN. Luján Argentina (2000), <http://www.lujanargentina.com.ar/html/indice.htm>.

Capítulo VIII
Las prácticas sociales de la cuenca y el papel de las áreas protegidas: un enfoque desde la Educación Ambiental*

*Cristina Teresa Carballo, María Rosa Batalla
y Cecilia Isabel Aguirre*

1. Entrando en tema...

Frente a la intensidad de los cambios y el deterioro ambiental de la cuenca del río Luján, la asignatura Educación Ambiental de la carrera de Licenciatura en Información Ambiental de la Universidad Nacional de Luján viene trabajando sobre la realidad ambiental de la cuenca. En estos últimos años hemos tomado como área de estudio el papel de las áreas protegidas en el contexto de las disímiles y reñidas prácticas sociales que presionan sobre la cuenca. Esta asignatura tuvo y tiene por objetivo introducir a los alumnos en los principios, propósitos y contenidos fundamentales de la comunicación, información y educación aplicados a las problemáticas ambientales en diversas escalas. Transmitir esta experiencia de formación tiene como principal objetivo romper con tradiciones simplistas de la práctica de la EA, y también debatir y reflexionar sobre el valor social del capital del patrimonio natural, frente a la apropiación *naturalarizada* de los recursos de la cuenca.

---

* Este trabajo fue parcialmente publicado en: "Educación Ambiental, Áreas Protegidas y Cuenca. Contribuciones para la Formación Superior", Anuario de la División Geografía 2009. Departamento de Cs. Sociales, Universidad Nacional de Luján, en prensa.

En este espacio de formación se pretende el abordaje de algunas temáticas centrales de la Educación para el Desarrollo Sustentable, consideradas como las más significativas, con el propósito de introducir a los alumnos en algunas estrategias didácticas tanto para la educación formal como para la no formal. Es por ello que el principal material de estudio es la compleja realidad y, en este sentido, la cuenca es un excelente laboratorio para analizar las prácticas sociales y su apropiación, entendida ésta como recurso. Para poder avanzar en una construcción EA socialmente comprometida, se plantean con la misma intensidad tanto los aspectos conceptuales como los metodológicos. Se desarrolla en este trabajo una visión teóricocrítica a partir del recorte de una problemática. Es en este sentido que el presente trabajo comunica algunos avances en materia de formación, a través de estudios de casos fuera del aula. Cabe aclarar que en esta oportunidad no nos extenderemos sobre la evolución o las corrientes teóricas de la EA, sino más bien sobre los procedimientos y estrategias como decisiones que deben asumirse al trabajar con alguna problemática. Se intentará buscar un equilibrio entre el alcance de la problemática ambiental de la cuenca, el rol social de las áreas protegidas en el contexto de depredación del recurso *agua*, y posibles estrategias de abordaje en EA. La experiencia estuvo centrada en cómo expresar esos supuestos teóricos y principios de la EA en la práctica; en que se revisen críticamente los enfoques; en que se discutan o complejicen los aportes conceptuales, nada más ni nada menos que sobre el terreno complejo de las multifacéticas prácticas de la EA.

En este sentido, el trabajo se organiza en tres momentos. El primero es una contextualización del porqué de la emergencia ambiental en la cuenca del río Luján. Un segundo momento corresponde al papel de las áreas protegidas en la cuenca y a sus diferentes propósitos ambientales como vinculaciones sociales. Y un tercer momento, donde nos dedicaremos a las decisiones y estrategias desarrolladas para la experiencia pedagógica en formación superior.

2. La dinámica geografía de la cuenca del río Luján.

La cuenca del río Luján pertenece al sistema de la Gran Cuenca del Plata y, a la vez, se ubica al noroeste del aglomerado urbano más importante del país. El principal curso, el río Luján, se extiende desde el SO al NE, con una superficie de alrededor de 3000 km2. Su particular posición a través del tiempo le ha dado un peso específico en la región. Desde las primeras ocupaciones hasta la actualidad, el río adquirió diversas valoraciones según el contexto espacial y temporal. Por ejemplo, la cuenca en tiempos prehispánicos funcionó como el área de frontera entre pueblos guaraníticos navegantes (con prácticas de una agricultura rudimentaria) y los pueblos pampeanos, (cazadores y recolectores). Con el correr del tiempo, el río se comportó como frontera natural entre el indio y el mundo conocido; o como la frontera entre la sociedad rural pampeana y el *hinterland* de la sociedad porteña; o como frontera entre el mundo rural y la influencia urbana de Buenos Aires; y más recientemente como frontera entre el avance de la agriculturización pampeana y la segregación urbana metropolitana.

Mapa 1. La cuenca como parroquia

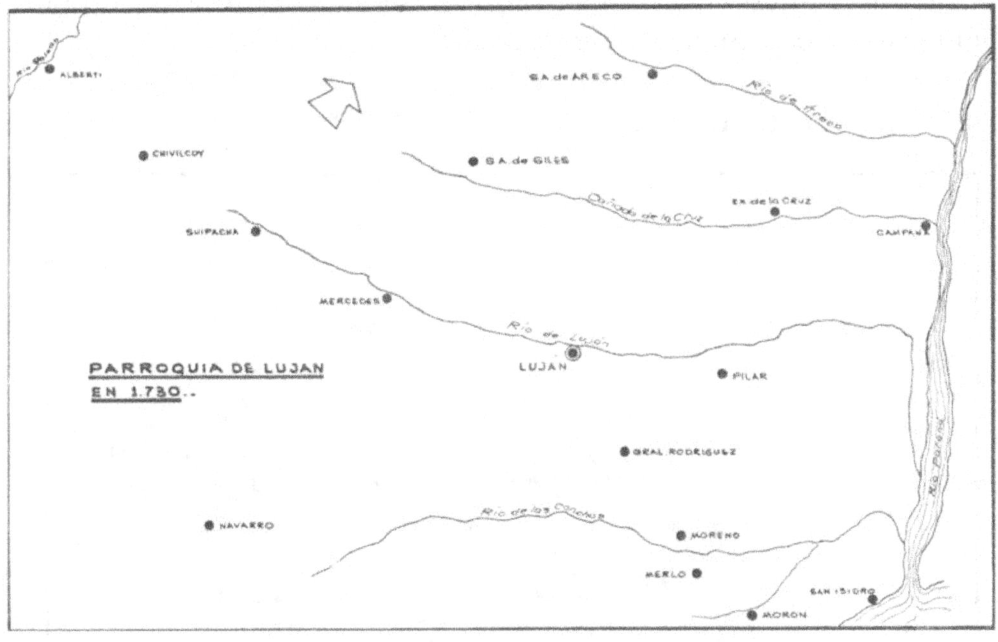

Fuente: Presas (1974: 439). En el mapa se expresa el papel de la Virgen de Luján como epicentro de una indiferenciada geografía rural. Esta configuración espacial perdurará hasta la división política del territorio en el siglo XIX. Recordemos que sociedad e iglesia, en el período colonial, son partes inseparables del mundo social, impronta cultural que dejará sus huellas hasta el presente. No obstante, la primera división de la tierra pertenece a Juan de Garay, quien en 1580, apoyado en las riberas del río, asienta una suerte de estancias, asegurando de esta forma la obtención del agua.

Todas estas valorizaciones socioambientales (e inclusive la religiosa) de los recursos de la cuenca darán como resultado un dinámico y complejo mosaico territorial.

Pensar en una primera delimitación territorial nos remonta al papel de la función religiosa en estas latitudes. En el mapa 1 vemos que el área norte de la cuenca limita con las cuencas del arroyo de la Cruz y del río Areco; al oeste y sur, con la cuenca del río Salado, y al sureste con la cuenca del río Reconquista, históricamente denominado *De Las Conchas*.

El valor histórico del recurso hídrico fue esencial para la configuración espacial del primigenio territorio. Este curso fue por su caudal una vía navegable para el siglo XVI-XVII que permitió el acceso de embarcaciones de escaso calado a la navegación de ultramar.

Hechos geográficos, culturales y económicos otorgarán a la cuenca una impronta de relevancia frente al dilatado mundo rural. El río es el eje de la organización del espacio.

Mapa 2. La cuenca como mosaico territorial

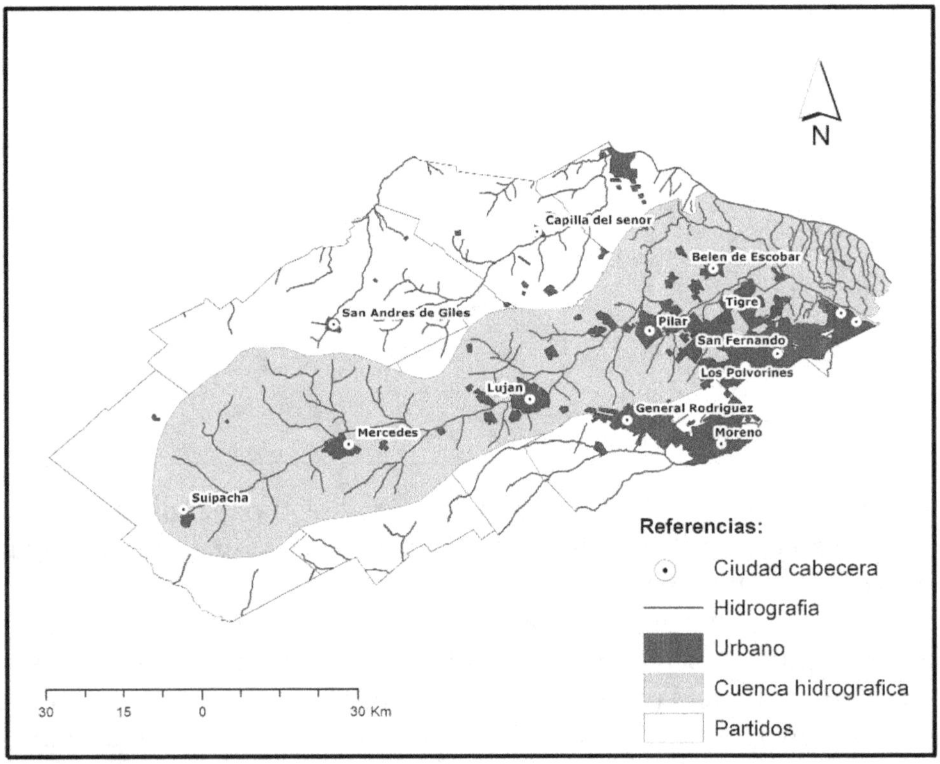

Fte.: Laboratorio de Cartografía Digital - UNLu

En el mapa 2 se expresa una configuración espacial que representa el uso del suelo urbano al interior de la cuenca, y aparece en el territorio en forma de manchas o tentáculos. Esta última forma se extiende por tres ejes: las rutas 7, 8 y 9. Por otro lado, el mapa también nos permite ver el mosaico de los partidos bonaerenses que la conforman, y finalmente el área que el Dr. Buzai (2002) determinó como cuenca, es decir, el área de influencia hídrica del río Luján, según la altimetría y la divisoria de aguas.

Si bien la cuenca es una única unidad territorial, su espacialidad y condiciones ambientales van adquiriendo diferenciaciones, sobre todo en este último siglo. La cuenca superior se mantendrá con una tradición fuertemente agropecuaria, mientras que las cuencas media e inferior serán áreas de transición productiva entre la industria y la actividad agropecuaria intensiva, como la avícola o la horticultura, hasta toparse con una densidad metropolitana cada vez más voraz y socialmente desigual. En la carta topográfica de 1:250.000 podemos observar, entre otros aspectos, que los municipios que tienen mayor superficie dentro de la cuenca son los partidos de Luján, Mercedes, Pilar y Suipacha. Esta caracterización política del territorio queda bien expresada en la síntesis del mapa 2.

En total, el río Luján recorre unos 160 Km; su curso sigue un sinuoso recorrido como típico río de llanura de aguas permanentes y de régimen pluvial. En su cuenca, el régimen estará sometido al pulso de las inundaciones y bajantes extraordinarias, influenciadas tanto por los ciclos estacionales como por los ciclos climáticos de larga duración. El río tiene sus nacientes en el bañado de Castilla, en el límite de los partidos de Carmen de Areco y Suipacha, para desaguar finalmente en el Río de La Plata. Su curso inferior hace de límite singular entre dos ecosistemas bien diferenciados: el de la pampa y el delta, de caracteres disímiles y contrastantes. En las nacientes, la cota alcanza como máximo valor los 52 msnm y en su desembocadura, unos 2,5 msnm, con una suave pendiente. La cuenca posee forma casi rectangular. En cuanto al drenaje, mantiene la forma rectangular, pero más dendrítica hacia el Oeste. Recordemos que la cuenca se desarrolla integralmente en una zona templada, sujeta a las masas de aire húmedo del Anticiclón Sur, y sus precipitaciones tienen como promedio anual unos 990 mm.

El curso del río está controlado por un sistema de fallas, de tal modo que su rumbo –desde las nacientes hasta enfrentar el delta– corre de Sudoeste a Noreste, y se desvía, –después de surcar trabajosamente un amplio valle inundable– de Noroeste a Sudeste. De esta manera, dibuja una especie de frontera natural entre las tierras altas (del pampeano y post-pampeano) y los bajos anegadizos, que se vinculan con la terraza inundable del río Paraná. La llanura o terraza baja comprende una estrecha franja de alrededor de unos 500 m de ancho, a ambas márgenes del río, a la altura de la Ruta Nacional 8. A partir de allí, comienza a ensancharse hasta llegar a los 4 km de ancho, a la altura de la Ruta Nacional 9, constituyendo una llanura de inundación que se extiende hasta confundirse con el Delta del Paraná. Esta alternancia de tierras altas y bajos inundables aseguró la permanencia de pastos para animales herbívoros, y permitió el desarrollo tanto del ganado yeguarizo como del vacuno cimarrón; para luego conformar tierras productivas para la Argentina Moderna. La transformación del paisaje natural en la región ha sido intensa. En la actualidad, esta alternancia de terrazas altas y bajos inundables adquirirá nuevos significados sociales y usos del suelo.

A diferencia del tiempo pasado, cuando las poblaciones dependían del agua superficial para la subsistencia y la actividad económica, en la actualidad el agua subterránea es valorada y apropiada como un recurso vital en la región. El agua de los acuíferos se utiliza para fines diversos: riego en zonas agrícolas, industrias y para el consumo de la población. De esta manera, al iniciar el siglo XXI la cuenca se encuentra totalmente transformada.

3. Las áreas protegidas frente a la resiliencia social y la resiliencia ecológica de la cuenca

En los libros de texto de enseñanza formal, sin importar el nivel, se plantea el estudio de las cuencas hidrográficas como sistemas. Es decir, como elementos o partes integrados a procesos comunes, haciendo hincapié, sobre todo, en lo que concierne a los factores naturales y físicos. ¿Pero qué pasa cuando miramos el mapa y observamos la organización territorial que en ella se materializa? Ya sea tanto por el uso económico del suelo; por la distribución urbana o por la influencia directa o no de la población; y/o por la localización de la industria; o por la simple pero compleja organización administrativa y política de los partidos, hay agentes que presionan sobre la cuenca con diversas intencionalidades de apropiación.

En otras palabras, la esfera de la apropiación social de los recursos nos ofrece un mapa confuso entre el uso del suelo y el uso del agua, como si éstos fuesen infinitos y la capacidad ecosistémica de la cuenca pudiese con todos los desechos industriales y con toda la contaminación. ¿Pero qué pasa con la *resiliencia social* frente al paisaje y al recurso degradado o altamente contaminado en la salud y en la representación de la calidad ambiental de su población? Hay coincidencia en definir la *resiliencia social* como el proceso o la capacidad de recuperarse o adaptarse frente a la adversidad, y de desarrollar destrezas protectoras, a pesar de estar expuesto a un estrés grave o a las tensiones frente a una situación crítica. Aunque cabe señalar que la capacidad de recuperarse, sobreponerse y adaptarse a la adversidad de un sujeto o grupo social no es innata ni genéticamente heredada, sino aprendida. Es en esta esfera donde la Educación Ambiental tiene un papel importante frente a la población vulnerable.

En 1973, Crawford Holling introduce por primera vez el concepto de *resiliencia* en la ecología. Este concepto intenta comprender las dinámicas no lineales, así como los procesos a través de los cuales los ecosistemas se automantienen y persisten frente a perturbaciones y cambios. Según la definición de varios autores, el concepto de *resiliencia* tiene tres características comunes: a) las transformaciones que un sistema complejo puede soportar manteniendo las mismas propiedades funcionales y estructurales; b) el grado en el que el sistema es capaz de autoorganizarse; y c) la habilidad del sistema complejo para innovar y adaptarse, frente a los impactos de la actividad económica o frente a cambios en los sistemas naturales.

Tanto la *resiliencia ecológica* como la *resiliencia social* están presentes en los cambios ambientales de la cuenca frente a diferentes impactos negativos. La fragmentación de los usos de los recursos que la cuenca del río Luján ofrece, desde el nacimiento del río a su desembocadura, muestra una realidad ambiental diversa y compleja.

Lo que podemos afirmar es que la valoración geográfica y de los recursos de la Pampa en el mercado internacional, desde mediados del siglo XIX, le ha impuesto al paisaje natural intensas transformaciones. Es quizás imposible de imaginarlo cuando uno observa que fue en tan solo dos siglos que se dieron la ocupación urbana, las estructuras viales, el poblamiento, la dinámica económica y las mutaciones ambientales. En el proceso de ocupación del territorio hasta el presente, han existido procesos sociales, económicos y políticos que se expresan en su actual fisonomía. Este paisaje resultante nos alerta sobre la pérdida constante de la calidad de sus recursos.

Es por ello que el papel del patrimonio natural, o lo que queda de él, adquiere un rol social de relevancia. Esta mirada no es ingenua ni simplista. Se propone considerar el patrimonio natural no como una joya de la abuela que debemos cuidar, sino como una necesidad social que debe atenderse y problematizarse, para no caer en el riesgo de naturalizar los graves problemas ambientales y las repercusiones sociales que conlleva la pérdida de los recursos agua, suelo, paisaje, entre otras manifestaciones de la cuenca.

Frente a esta gran transformación del paisaje de la cuenca, nos encontramos con huellas o indicios del paisaje natural; aunque estas áreas protegidas no responden al paisaje originario ni a los ecosistemas de la región. Sólo contamos con algunas áreas testigo de lo que fue su paisaje natural o patrimonio entre el pastizal pampeano, el bosque de tala en galería o la zona de bañados, hasta llegar a su desembocadura en el Delta del Tigre, con formaciones de selva en galería típicas del noreste del país. Las áreas protegidas son, en este caso, áreas testigo con diferente oferta natural, que pueden darnos pistas del grado de deterioro ambiental en el sentido amplio y no solo desde un ingenuo conservacionismo del medio.

Gráfico 1

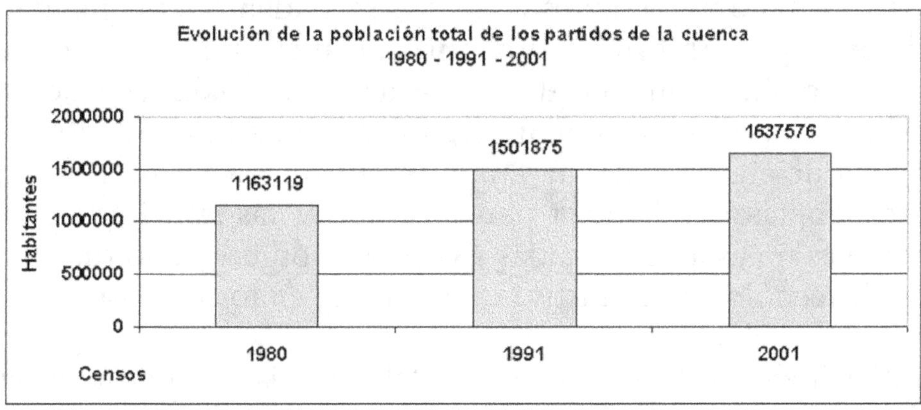

Fuente: www.ciaclu.com.ar

Como podemos ver en el siguiente gráfico, desde 1980 la población de los partidos de la cuenca supera el millón de habitantes; proceso que se acelera en el siguiente censo de 1991 y se sostiene en el último censo de 2001. Los cambios que se producen por el crecimiento de la ocupación de la cuenca son tan sólo un indicador más de sus transformaciones recientes.

No obstante, el comportamiento al interior de los partidos ha sido diferenciado por diversos motivos que hacen a las lógicas espaciales de los últimos veinte años.

Gráfico 2

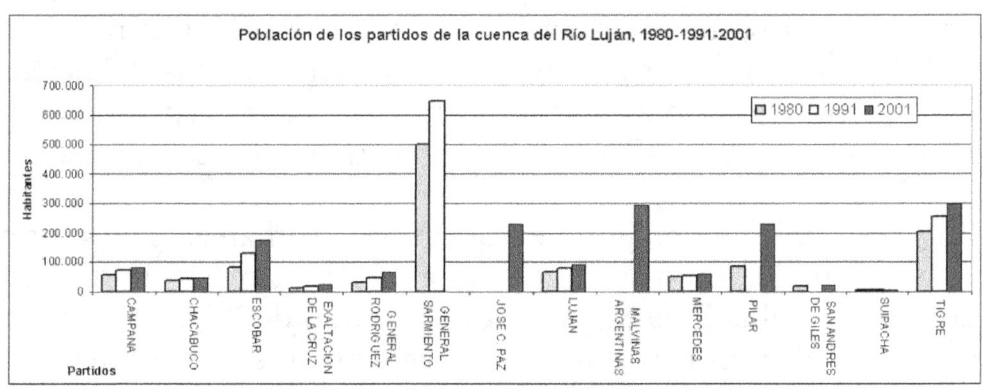

Fuente: www.ciaclu.com.ar

En el gráfico 2 podremos detenernos al respecto para ver la complejidad del fenómeno. En este análisis se evidencia el papel de los municipios que conforman el conurbano metropolitano y el peso demográfico que implica en el total de la población de la cuenca. Por otro lado, vemos el crecimiento significativo de Pilar, Escobar y la tendencia de crecimiento de Luján. Asimismo, vemos el estancamiento poblacional de otros partidos, donde las transformaciones ambientales no están tan ligadas a la población urbana o rural, sino al tipo de tecnología productiva que impacta en los recursos.

Sintetizando, se define la cuenca del río Luján como un sistema ambiental complejo y dinámico, cuya extensión supera los 3000 km2, donde todos sus componentes sociales y físico-naturales –como sus interrelaciones– son indispensables para interpretar y comprender su comportamiento y su función social y ecológica, en el marco de intensas transformaciones sociales que ejercen presión sobre los recursos de agua superficiales. De allí la complejidad y dificultad que presenta por la diversidad de políticas municipales y el insuficiente manejo integrado de la cuenca.

4. El patrimonio natural y el porqué de las áreas protegidas

El río Luján ha sido por muchos años la frontera geográfica y ambiental entre el mundo rural y urbano. Aspecto territorial que ha mutado y se ha relativizado desde las mejoras en las vías de comunicación, en general, y en particular por las autopistas. Estas políticas de favorecer el transporte privado y no el público, junto con la privatización de la ciudad, han consumado un mapa social y ambiental heterogéneo, dinámico y en continua transformación, donde la planificación y la ordenación ambiental del territorio son un bien ausente o escaso.

La presencia de emprendimientos urbanos (urbanizaciones cerradas), por ejemplo, junto con el crecimiento de sectores vulnerables o críticos han cambiado la fisonomía del Partido de Pilar. Uno de los temas más críticos es la obtención del agua potable y el problema de los efluentes domiciliarios, casi siempre sin control o con escasa supervisión técnica y administrativa. En la región de la cuenca este fenómeno se ha extendido a otros partidos, tales como Luján, Exaltación de la

Cruz, Escobar y Campana. Simultáneamente, para la obtención de mejor calidad de agua en los acuíferos se han instalado numerosas empresas alimenticias y de otras ramas, como textiles o automotrices, y se han consolidado polos industriales a orillas del río o próximos a él. Esto impacta en la calidad del agua de forma directa o indirecta a través de sus arroyos, hacia donde van los efluentes industriales.

La transformación en la ocupación y uso del suelo en el área de la cuenca ha sido de una intensidad tal, que los municipios o el poder público han reaccionado tarde o cuando los hechos ya habían sido consumados. Los antecedentes y el estado ambiental de las cuencas cercanas son alarmantes. Un ejemplo significativo es el de la cuenca del río Reconquista, altamente contaminado, donde la acción de mejoramiento es tan compleja que ha requerido muchos esfuerzos y financiamientos, con respuestas parciales y lentas. Por otra parte, la población afectada de forma directa siempre ha sido y es la de escasos recursos, que a la vez resulta estar escasamente informada. Sin embargo, en las riberas también se encuentran usos recreativos, dado que a orillas del río se emplazan los recreos, campings o reservas naturales, que pueden originar flujos de visitantes. Este uso para el esparcimiento también impacta, dado que estas actividades generan basura. Los usos recreativos, al igual que las demás actividades, manifiestan una débil concepción del manejo integral. El río se convierte en el principal cesto de basura, aunque la contaminación se dispersa o se disimula al ojo distraído durante los meses de lluvias, por su mayor caudal.

No obstante, desde diferentes iniciativas las áreas protegidas provocan en la cuenca un llamado de atención sobre su estado crítico y el del río. ¿Y la ordenación ambiental?

Mirando restropectivamente, la planificación y la ordenación ambiental del territorio han reconocido la vigencia de distintos paradigmas a lo largo del tiempo. Así han pasado el desarrollo económico y la planificación regional, los movimientos sociales urbanos, la investigación/acción y la planificación estratégica; algunos de ellos aún subsisten en la práctica técnica y política. En este sentido, hoy conviven múltiples enfoques, en muchos casos, notablemente ajenos a nuestras realidades; situación general que se puede extender a la definición y función del patrimonio. ¿Cómo interpretar las transformaciones que se realizan en el territorio y su ambiente con la capitalización del patrimonio natural? ¿Cómo se expresan las decisiones del colectivo en relación con su patrimonio natural o cultural en un contexto de crisis ambiental?

El caso de la cuenca nos demuestra la complejidad de la oferta del patrimonio natural. En la región encontraremos diferentes tipologías de áreas protegidas y experiencias, como también diversos usos, modelos de gestión, y potencial ecológico y social de estos testimonios u ofertas de espacios verdes o naturales.

Si bien la cuenca tiene una extensión muy amplia, paradójicamente, los partidos con mayor presión urbana e industrial son los que cuentan con áreas protegidas.

Tabla 1

Partido	Población			Superficie (km2)	Densidad (Hab/km2) 2001
	1981	1991	2001		
Campana	57.839	71.464	83.698	982	85.2
Luján	68.689	80.712	93.992	800	117.5
Pilar	84.924	130.187	232.463	352	654.8

Fuente: INDEC

En estos partidos se centralizan las principales prácticas de conservación y protección de espacios verdes o áreas protegidas.

Tabla 2.

Partido	Superficie (km2)	Densidad (Hab/km2) 2001	Superficie de áreas protegidas (ha)	Unidades	Gestión y manejo
Campana	982	85.2	1.300	a) Reserva Natural Otamendi b) Reserva del río Luján	a) Parques Nacionales b) Provincia de Buenos Aires
Luján	800	117.5	15.2	c) Reserva Forestal Quinta Cigordia	c) Municipio de Luján
			s/s	d) Jáuregui	d) Civil: El grupo de los sábados
Pilar	352	654.8	180	e) Reserva Natural de Pilar	e) Civil Asociación Patrimonio Natural

Sin profundizar sobre los aspectos que cada una de estas prácticas de conservación del patrimonio natural ofrece a la sociedad, podemos afirmar que cada una de ellas recupera una realidad diversa y diferenciada del potencial natural. Las áreas más representativas de las condiciones ecológicas primigenias de la región de la cuenca son las que se encuentran en el Partido de Campana. El resto de las áreas tienen importantes mutaciones, donde resulta muy difícil imaginarse qué especies son las introducidas y cuáles son las autóctonas. No obstante, las reservas han sido valoradas socialmente –por grupos activos–, debido a la posibilidad que tienen de contar con un espacio verde frente al avance descontrolado de la urbanización o de la industria, que se apropian de la ribera tanto como recuso paisajístico, como de salida rápida de efluentes. Estas últimas áreas son gestionadas por iniciativas civiles, salvo en el caso de la Reserva Forestal Quinta Cigordia, que ha sido un objetivo del ex área de Educación Ambiental del Municipio de Luján.

Como podemos observar, el mapa de las áreas protegidas en la cuenca es diverso (ver mapa 3).

Antes de continuar, cabe reflexionar si el *Patrimonio Natural* de las áreas protegidas expresa simplemente un nuevo anclaje, una reapropiación simbólica del mundo, o bien no es más que la puesta fáctica en escena de una débil propuesta, un reaseguro ilusorio de algunos bienes naturales de uso social selectivo. La cuestión del desarrollo sustentable no concierne solamente a la transmisión patrimonial, sino que también se refiere a la utilización y a la distribución de los recursos.

La relación contemporánea entre patrimonio natural, capital y sociedades –entre muchas cosas–, demuestra: a) la contradicción entre productibilidad y re-productibilidad del mismo; b) el desigual uso de los bienes colectivos; c) la influencia del mercado inmobiliario o de la localización industrial sin tecnologías limpias, en un marco de ausencia de políticas reguladoras regionales; d) la fragmentación social y la desigual accesibilidad a la *calidad de vida*.

A pesar del reto por la accesibilidad social y por formas más equitativas del uso de las reservas, estas áreas son más que simples espacios en donde se encuentra recreado un ambiente natural: representan un testimonio de la memoria de las condiciones ambientales en la cuenca. El desafío social está en pie, y la necesidad de resguardar estas iniciativas es un camino probable de distribución de servicios y bienes naturales, que nos proporciona la cuenca del río Luján.

Mapa 3. La cuenca y las áreas protegidas

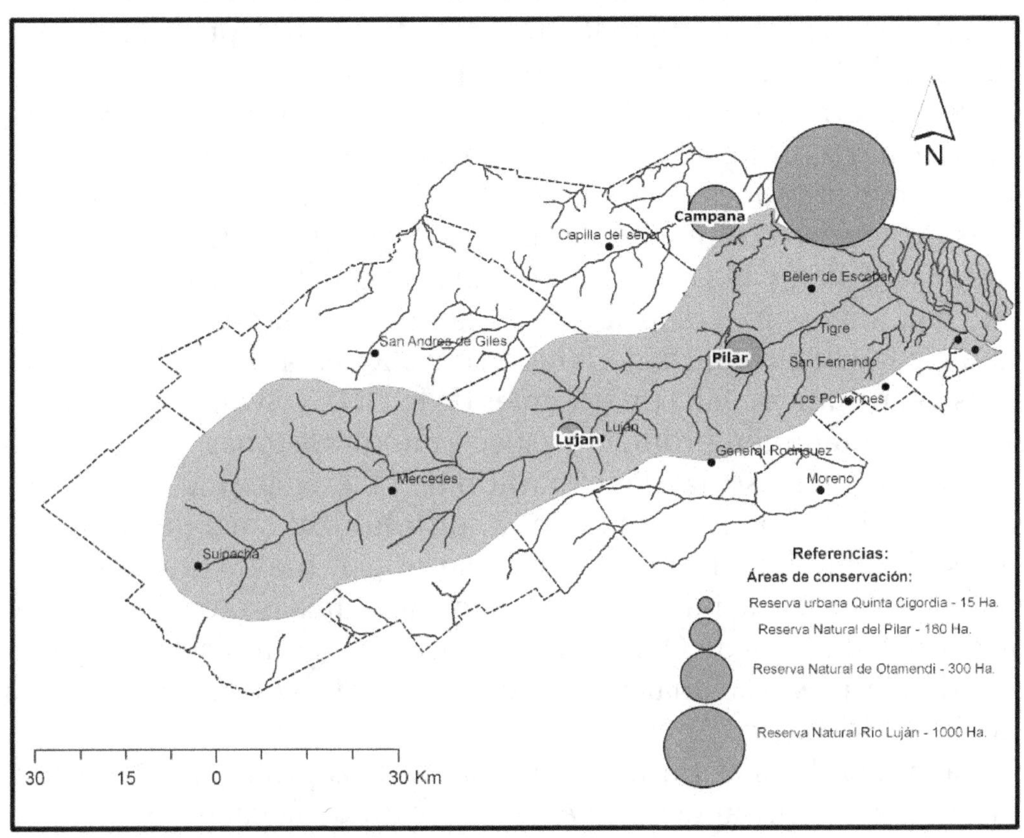

Fuente: Laboratorio de Catografía Digital - UNLu.

Las preguntas que surgieron fueron: ¿cómo resolver el conflicto de la ausencia o insuficiencia de información y comunicación ambiental para la gestión participativa de la población en el manejo sustentable de la cuenca?; ¿por qué las áreas protegidas tienen un papel destacado en la mejora del manejo sustentable del sistema hídrico y también como medio o herramienta para la Educación Ambiental?

Esta experiencia intentó involucrar escenarios ambientales y administrativos diferentes a la práctica de la gestión ambiental local del manejo de áreas protegidas de la cuenca del río Luján. Es por ello que se propuso analizar, en primer lugar, el papel de los municipios en el tratamiento de las demandas sociales por las problemáticas ambientales, los marcos reguladores y el grado de avance en los mecanismos de participación en la gestión de la cuenca. Participación comunitaria y conflictos ambientales en la problemática de las aguas superficiales fueron y son las coordenadas que delimitan el campo de trabajo. Así fue como surgió la presencia de las áreas protegidas en el contexto de la cuenca. En un trabajo preliminar, se identificaron las diferentes formas de manejo y gestión de áreas protegidas, sus diversos orígenes y propósitos. Básicamente, contamos en toda la cuenca con cinco expresiones diferentes de prácticas sociales vinculadas a las áreas protegidas. Entre ellas, la reserva de la Quinta Cigordia de la ciudad de Luján y el Grupo de los Sábados que trabaja en el área de Jáuregui, ambos en el Partido de Luján. El primero es de iniciativa municipal y se encuentra declarado como Reserva Forestal; el segundo es de iniciativa civil, con docentes de la UNLu y voluntarios en un área donde también proliferan especies no autóctonas, pero de alto valor ambiental y social. En el partido de Pilar encontramos un área protegida: la Reserva Natural que se consolidó, al igual que las anteriores, durante los últimos 10 años; su origen fue de preocupación civil y llevó al municipio de Pilar a declararla área protegida. Las últimas son: la Reserva de Otamendi, a cargo de la administración y gestión de Parques Nacionales, y la reserva del río Luján, a cargo de la Provincia de Buenos Aires.

Cada una de estas formas presenta diversos propósitos y abordajes sobre el potencial del área en el contexto de la cuenca y sobre su potencial en educación ambiental. En diferentes momentos se trabajó sobre cada una de ellas y se seleccionó para este trabajo la reserva de Pilar, por ser quizás el mejor ejemplo de movilización social frente al interés de cambiar o mejorar la intensa degradación de la cuenca a partir de la lucha por un área protegida. Esta área protegida pone de manifiesto en el territorio los múltiples conflictos sobre ella y el tipo de valorización ambiental de la cuenca.

Cabe destacar que de los resultados de las investigaciones anteriores que viene realizando el Área de Educación Ambiental de la Universidad de Luján, como de las demandas de los municipios en relación con el asesoramiento, productos o servicios en la comunicación y participación ambiental, se consideró necesario seguir profundizando, a la vez que formando a los estudiantes en miradas e intervenciones complejas de participación y educación ambiental en la medida en que esto fuese factible. En el marco democrático, se define *la participación comunitaria, comunicación, participación y educación ambiental* como herramientas indispensables para el mejoramiento de la calidad de vida y para lograr con equidad una ordenación ambiental del territorio.

5. Práctica e intervención desde la EA: las áreas protegidas

Si bien no nos centraremos en una discusión teórica sobre la EA, no por ello se la deja de lado o se la minimiza. Simplemente, por una cuestión de espacio se prefiere acotarla a unas simples coordenadas espaciales que hacen al tema de la propuesta pedagógica. Sin ir muy lejos, cabe destacar lo que algunos especialistas ya identificaron sobre la heterogeneidad de los discursos y prácticas en EA. Como Franquesa y Calvo, Gaudiano, Sauvé, entre tantos otros, nos ponen sobre la mesa el debate de la diversidad de la EA, vista para algunos como un conflicto teórico entre lo verdadero y lo falso, y para otros, como riqueza que resulta de la apropiación social de la práctica de la EA.

Justamente, este trabajo instó a los alumnos a romper con las recetas teóricas y a cuestionarlas a la hora de la intervención y actuación. Esto pone en evidencia la inutilidad de la rigidez de las teorías o conceptos cuando se las deforma con tal de que se ajusten a esa realidad particular, o bien se las desvirtúa por no contemplar el contexto cultural y social para quienes va dirigido; o peor aún, se las confunde con simples técnicas, perdiendo de vista su finalidad. La realidad, como bien señala Sauvé, no se puede resumir en sus 15 corrientes de EA. Por el contrario, aparecerán discursos y prácticas que se entrelacen y la constantación de que las categorizaciones sólo tienen un fin pedagógico.

Como dijimos anteriormente, la selección del área de trabajo con los alumnos de EA recayó en la interpretación y el análisis de expresiones sociales vinculadas a la protección y educación ambiental dentro de la Reserva Natural de Pilar. En este sentido, conviene hacer algunas precisiones sobre el enfoque de la EA que se construyó para el trabajo con los estudiantes:

- Desde el punto de partida, se define al promotor ambiental como un personaje que debe contemplar el desarrollo de competencias para construir, con grupos locales o población sensibilizada, conocimientos necesarios para modificar procesos de degradación ambiental y minimizar, con ello, el impacto negativo a la comunidad.

- Los problemas ambientales que aparecen en el estudio tienen una raíz social y política.
- La escala local permite al promotor ambiental contar con una interacción directa entre la comunidad, los actores y el problema. Es considerado como el escenario básico de actuación del promotor o facilitador ambiental.
- Por plantear un recorte local, en este caso la reserva, no se pierden de vista las interacciones en otras escalas, sino que simplemente se priorizan diferentes escalas de interacción y acción. Lo global y lo local no son incompatibles, sino que son perspectivas de análisis y de acción complementarias.
- Incluir un diagnóstico claro del problema y de los actores. Y con ello, la identificación de las resistencias.
- Identificar el rol de las reservas urbanas en el contexto de expansión urbana sin mediación o planificación, que contemplen la biodiversidad local y la prevención de medidas de ordenación ambiental del territorio. Por ello, no debe perderse de vista la escala de la cuenca como un sistema.
- Recordar que, por ejemplo, la población con necesidades básicas insatisfechas no es depredadora del medio, sino un grupo social que tiene un componente objetivo (percibido por el observador) y un componente cultural propio del grupo que las sufre.
- En este sentido, también se plantea el concepto de *sufrimiento ambiental* como una posible consecuencia para la población que sufre directamente las condiciones de contaminación o degradación ambiental.
- Revalorizar los principios básicos de la EA en contextos presentes y adaptarlos al caso de estudio.
- La participación social y la sensibilidad ambiental no son letras vacías, sino experiencias de mayor o menor grado que intentan dar respuesta a los desafíos ambientales actuales; tal es el caso de la Reserva de Pilar.
- Las técnicas utilizadas (tanto la de observador participante, trabajo de campo de reconocimiento del potencial ambiental del área, entrevistas, relevamiento del área y el diálogo con dife-

rentes actores) son, en conjunto, herramientas para lograr el propósito del trabajo.

- Identificar las diferentes posturas sobre el área protegida y valorar el diálogo para la puesta en marcha de acciones ambientales. Que la participación no signifique una actitud demagógica de tolerar cualquier cosa, sino que legitime la coexistencia de intereses.
- Romper con esquemas teóricos rígidos sobre las estructuras comunitarias.
- Recuperar saberes vinculados a la valorización sustentable de los recursos de la cuenca como sistema.
- Evidenciar que la planificación de actividades o de un proyecto es y debe ser flexible para incorporar los emergentes o demandas no explícitas del grupo a trabajar en el caso.
- Explorar técnicas en donde el lenguaje científico debe ser incorporado. Los procesos educativos participativos en EA, al iniciarse, parten en general del lenguaje popular más accesible y conocido por la comunidad. Pero es necesario ir incorporando la terminología y los conceptos científicos del caso.

Los <u>objetivos</u> de la experiencia fueron:

a) Reconocer las principales características de esta área protegida dentro de la cuenca del río Luján.
b) Determinar el papel de la organización civil en la propuesta de generación de espacios protegidos y experiencias de EA.
c) Aplicar técnicas cartográficas y de análisis espacial que dieran información ambiental para contextualizar la actividad.
d) Diseñar estrategias didácticas para la participación y la comunicación ambiental.

La <u>metodología</u> propuso diversos momentos de trabajo, que podemos sintetizar:

- Se partió de actividades de preparación indagatoria de la cuenca del río Luján (de la cual la reserva forma parte) hasta el análisis de la ONG que tiene a cargo su protección.

- Se requirió el empleo de relevamiento cartográfico para su localización, como también de una caracterización del ecosistema originario que predominaba en la región, previa a las profundas transformaciones de fines de los siglos XIX y XX. A continuación, se realizó una recorrida *in situ*, interactuando con los voluntarios y recolectando material para la actividad en sí.

- Se los acompañó en el trabajo de campo con el propósito de evaluar el potencial ambiental del área y los destinatarios que podrían beneficiarse con programas de EA.

- Por último, en el informe de la experiencia se les solicitó diversas propuestas de actividades, identificando la problemática, el destinatario, la secuencia de contenidos y los conceptos que se proponen trabajar.

Entre los principales resultados, podemos nombrar:

- Una completa caracterización de la problemática abordada.
- Conceptualización de las diferentes formas de áreas protegidas, reservas o parques que se localizan en la cuenca.
- La diferenciación ambiental de La Reserva Natural del Pilar, que está protegida por leyes provinciales, pero que lejos de presentar el estado ideal de un área protegida, sufre diversos problemas. Para un mejoramiento del estado actual, es de fundamental importancia atender ciertos frentes:

  * La interrupción inmediata de vertidos provenientes de las distintas industrias de la zona sin el tratamiento adecuado.
  * La interrupción del vertido de restos de celulosa y de otros procesos que se realizan en las dos papeleras del Parque Industrial.
  * La limpieza del predio de 150 ha de la Reserva, que anteriormente fuera un basural clandestino.
  * La erradicación del acacio negro, verdadera plaga exótica que no permite el desarrollo de especies nativas, y de otras especies exóticas (Iris, Paraíso, etc). A la vez la explotación del acacio puede convertirse en un microemprendimiento para familias del lugar que no disponen de trabajo fijo.
  * Por otra parte, es de carácter prioritario transmitir los beneficios que tanto las generaciones actuales como las venide-

ras podrán obtener al recuperar este espacio, y el valor educativo y formativo.

- La dificultad en la distinción de los diferentes componentes de una propuesta didáctica: confusión entre actividades y contenidos, y entre secuencia didáctica y objetivos.
- Superación de las dificultades y propuestas de actividades pensadas tanto para diferentes grupos escolares como para el público en general.
- Valoración de las herramientas trabajadas en el curso y puesta en marcha de esquemas de proyectos en EA

6. Cerrando el tema… o abriendo otras puertas

Por lo logrado con la experiencia que se fue construyendo en varios años hasta tomar forma, se asume que la EA tiene un papel protagónico en nuestras sociedades, marcado por la crisis social y el deterioro ecológico. La EA debe ser capaz de reorientar nuestros modelos interpretativos y nuestras pautas de acción hacia un nuevo paradigma: participación en la gestión ambiental sostenible, en el marco del desarrollo local. Esta experiencia permite afirmar la necesidad de formar a los futuros egresados universitarios en visiones complejas del ambiente y en la valoración de las representaciones sociales sobre la utilización de los recursos naturales (en especial del agua) y el papel de las áreas protegidas en el marco integral y sistémico de la cuenca hídrica y sus espacios verdes.

El manejo de las cuencas y sus áreas protegidas requiere de una estrategia y modelos participativos que permitan afrontar las aceleradas transformaciones territoriales y sociales. La EA es un movimiento orientado hacia el cambio, y ese cambio debe tener presente no sólo nuevos modelos de interpretación de la realidad, sino también nuevas formas de acción que se manifiesten en forma de decisiones para el uso y gestión de los recursos de la sociedad en su conjunto. Las técnicas utilizadas le permitieron al alumno contar con un estudio de caso real dentro de problemáticas relevantes en el área de influencia de la Universidad, a la vez que le permitieron apropiarse e integrar los saberes incorporados en otras asignaturas. También, entre los principales aspectos positivos se señala la importancia de diferenciar metodología de técnicas, dado que no son sinónimos. Le cabe a la Educación Superior aportar herramientas y estrategias que precisamente favorezcan la mediación entre las organizaciones civiles y la comunidad, frente a los conflictos ambientales emergentes.

La experiencia planteó al grupo de trabajo nuevos interrogantes que echan luz sobre los principios éticos para una estrategia de intervención y valorización de las áreas protegidas. A su vez, éstas sirven para aguzar las sensibilidades de los efectos de la presencia de conflictos ante una comunidad heterogénea, y obligan a tomar conciencia de la mirada del otro y de los actores que intervienen en el manejo de las áreas protegidas, frente a una realidad ambiental fragmentada a los ojos del ciudadano, acuciante como dinámica. De esta manera, la experiencia contribuye a una pedagogía de la construcción participativa y a una cultura de la diversidad ambiental de la cuenca, hoy en peligro. Frente a este escenario, la reacción social y el fortalecimiento de capacidades nos sorprenden con diversas formas que intentan establecer un diálogo y un compromiso con la autogestión y la participación civil, en acuerdo con otros actores. Sin duda esta es una perspectiva de la problemática ambiental de la cuenca, y tan solo un abordaje pedagógico que nutre con otras ideas la formación superior de futuros profesionales en Información Ambiental.

7. Bibliografía

Abella, G. y R Fogel, (2000) *Principios de intervención en la capacitación comunitaria*. Serie Manuales de Educación y Capacitación Ambiental. PNUMA.

Buzai, G. (2002) *Atlas digital de la cuenca del río Luján. Socio-demográfico, económico y habitacional*. Universidad Nacional de Luján. Luján.

Carballo, C. (2004) "La educación ambiental en la formación superior: Dificultades y avances" con la colaboración de P. Ferrero. En las 1° Jornada Nacional de Intercambio de Experiencia Educativo -Ambientales (Eea) en la República Argentina- Ciudad Autónoma de Buenos Aires, 24 de noviembre de 2004.

Carballo, C. et al (2003) "Formación Superior e Investigación en el campo de la gestión local. Avances desde la Comunicación y Educación Ambiental". Ponencia presentada en Universidad y desarrollo local:

aprendizajes y desafíos en un contexto de crisis, Universidad Nacional de Sarmiento.

Carballo, C y C. Emelianoff (2003) "Patrimonio Natural ¿para quiénes?" En: *Anuario División Geografía 2002-2003*, Departamento de Ciencias Sociales. Universidad Nacional de Luján, pp. 1-17.

Carballo, Cristina y Teresa Escalas (2002) "Hacia la gestión participativa de las ciudades: residuos y comunidad. Una propuesta desde la comunicación y educación ambiental". En revista Gerencia Ambiental. Año 9, N° 87, Buenos Aires, pp. 448-456.

Carballo, Cristina y L. Simeone (2001) "Comunidad, Problema Ambiental y Percepción". En: *Anuario División Geografía 2000*. Departamento de Ciencias Sociales. Universidad Nacional de Luján.

CIACLu, *Centro de información ambiental de la cuenca del río Luján*, bajo la dirección de la Dra. Cristina Carballo. www.ciauclu.com

Giaconi, L. (1997) *Cuenca del río Luján. Provincia de Buenos Aires. Geohidrología ambiental.* Informe Final. Estructuras Institucionales de Manejo de Cuencas Hidrográficas

Emelianoff, C. y C. Carballo (2002) «La liquidation du patrimoine, ou la rentabilité du temps qui passe». En: Les Annales recherche urbaine 2002, Ce qui demeure, N° 92, septembre 2002, ISSN 0180-930-X. Paris, pp. 49-58.

Programa Desarrollo Institucional Ambiental. Secretaría de Recursos Naturales y Desarrollo Sustentable, Buenos Aires.

Herrero, A y L. Fernández (2008) *De los ríos no me río. Diagnóstico y reflexiones sobre las cuencas metropolitanas de Buenos Aires.* Buenos Aires, Editorial Temas.

INA (2007) *Diagnóstico del funcionamiento hidrológico-hidráulico de la cuenca del río Luján. Informe LHA 284-01-2007.* Laboratorio de Hidráulica. Secretaría de Obras Públicas. Subsecretaría de Recursos Hídricos.

Leboulanger, E. (2007) *L´ecotourisme dans le bassin versant du río Luján ; etude de trois reserves naturelles urbaines : roles, enjeux, gestion et usages sociaux.* Tesis de Master en Geographie Sociale, Université Du Maine, Le Mans, Francia, bajo la co-dirección de la Dra. C. Carballo. Licenciatura en Información Ambiental. http://www.infoambiental.unlu.edu.ar/

Donini, A. (2005) "Resiliencia y salud social". http://www.fcias.org.ar/2009/contenido/pdf/S

Palermo, V y C. Roboratti (Comp.) (2007) *Del otro lado del río. Ambientalismo y política entre uruguayos y argentinos.* Buenos Aires, Editorial Edhasa.

Pol, E. (2000) "Impacte social, comunicació ambiental i participació", Monografies universitàries n°3. Departament de Medi Ambient, Generalitat de Catalunya, Barcelona.

Sauvé, L. (2004) "Una cartografía de corrientes en educación ambiental" en: Sato, Michèle, Carvalho, Isabel (Orgs). *A pesquisa em educação ambiental: cartografias de uma identidade narrativa em formação*. Porto Alegre: Artmed. (En producción)

Silva Quintas, José (2000) "Por uma educacao ambiental emancipatória: condireacaoes sobre a formacao do educador para atuar no processo de gestao ambiental", en: José Silva Quintas (Coord) *Pensando e Practicando a Ecucacao Ambiental na Gestao do Meio Ambiente*, Brasilia, Ediciones IBAMA.

Sobre los autores (por orden alfabético)

Cecilia Isabel Aguirre es licenciada en Información Ambiental, egresada de la Universidad Nacional de Luján (UNLu) y tesista de la Maestría en Teledetección y Sistemas de Información Geográficas (SIG´s) de la Universidad Nacional del Centro de la Provincia de Buenos Aires. Como becaria y técnica en análisis visual, ha integrado e integra diversos proyectos de investigación en el Laboratorio de Cartografía Digital (LACAD) del Departamento de Cs. Sociales de la UNLu y en proyectos de extensión en el marco del Centro de Información Ambiental de la Cuenca del río Luján (CIACLU). Ha realizado diversos cursos de especialización en *software* de sistemas de información geográfica (SIGS), teledetección y paquetes estadísticos. Ha realizado presentaciones en varios congresos y cuenta con varios artículos publicados como autora y coautora, vinculados con la temática de SIG´s, ambiente y contaminación.

Gustavo Oscar Álvarez es licenciado en Sociología, egresado de la Universidad de Buenos Aires (UBA) y maestrando de Demografía Social en la Universidad Nacional de Luján (UNLu). Es docente en Metodología de la Investigación del Departamento de Cs. Sociales de la UNLu y docente en Metodología, de la Carrera de Sociología de la UBA. Formó parte del equipo de Desarrollo de Nuevas Metodologías para el Estudio de la Pobreza con Datos Censales en el Instituto Nacional de Estadística y Censos –INDEC–, hasta el año 2008. Actualmente, funciona como Coordinador del Sistema de Seguimiento de Egresados de Nivel Medio de Educación Técnico Profesional, en el Instituto Nacional de Educación Tecnológica (INET). Ha publicado varios trabajos sobre dinámica demográfica y pobreza en revistas y congresos internacionales, al tiempo que fue integrante de la Comisión Directiva de la Asociación de Estudios de Población de la Argentina (AEPA), entre 2003 y 2007.

María Rosa Batalla es licenciada en Información Ambiental, por la Universidad Nacional de Luján. A su vez, completó la especialización en Evaluación de Impacto Ambiental. Ha obtenido la Diplomatura en Comunicación Científica, Médica y Medioambiental de la Universidad Pompeu Fabra (España) y el Instituto Luis F. Leloir (Argentina), en 2008. Ha realizado la Formación en Tutoría Virtual en Calidad Educativa, otorgado por la Organización de Estados Americanos (OEA). Y ha completado la Carrera de Especialización en Educación Ambiental para el Desarrollo Sustentable, CTERA-Universidad Nacional del Comahue, en 2007. Es docente e investigadora auxiliar en la División Geografía de la Universidad Nacional de Luján y colabora en proyectos conjuntos con la Universidad Du Maine (Francia). Cuenta con publicaciones en universidades extranjeras y ha publicado distintos artículos dentro de la temática del ordenamiento ambiental del territorio y educación ambiental.

Cristina Teresa Carballo es egresada de la Facultad de Filosofía y Letras de la Universidad de Buenos Aires y Magíster en Políticas Ambientales y Territoriales de la misma institución, y obtuvo el doctorado en Geografía Social en la Université Du Maine (Francia). Es docente e investigadora en la División Geografía de la Universidad Nacional de Luján (UNLu), y desde 2006 es Coordinadora de la Carrera de Información Ambiental. Desde el año 2000 es profesora invitada en la Universidad Du Maine. Cuenta con publicaciones como compiladora, autora y coautora, entre ellas: *Crecimiento y desigualdad urbana; Estudiar la ciudad, Introducción a la Geografía; Diversidad cultural, creencias y espacio. Referencias empíricas;* además de publicar artículos en revistas nacionales e internacionales. En la actualidad, coordina el Centro de Información Ambiental (CIACLU) www.ciaclu.com.ar, proyecto radicado en la UNLu.

María del Rosario Cruz es licenciada en Información Ambiental egresada de la Universidad Nacional de Luján (UNLu) y especialista en Metodología de la Investigación Científica, Universidad Nacional de Lanús. Es docente e investigadora en formación e integra diversos proyectos vinculados al Análisis Espacial y la Geografía Aplicada del Grupo de Estudios sobre Geografía y Análisis Espacial con Sistemas de Información Geográfica (GeSIG), Programa de Estudios Geográficos (ProEG) del Departamento de Cs. Sociales de la UNLu. Cuenta con varios trabajos publicados como autora y coautora, vinculados con la temática de SIGs, ambiente y contaminación. Ha realizado presentaciones en distintos congresos y seminarios y ha sido distinguida con el Premio COPIME a los Mejores Egresados, especialidad Ciencias Ambientales, 2005.

Leonardo A. Di Franco es egresado de la Universidad Nacional de Luján (UNLu) con el título de licenciado en Información Ambiental, en el año 2006. Se desempeña como docente e investigador del Programa de Desarrollo e Investigación en Teledetección (PRODITEL), del Departamento de Ciencias Básicas de la UNLu. Becario ANPCyT/UNLu 2009-2012 del Doctorado en Ciencias Aplicadas en el tema geomática y cuencas hidrográficas. Ha participado como asistente, expositor y organizador en diferentes reuniones científicas referidas a la temática, en el ámbito nacional y en el exterior. Integra en la actualidad diferentes proyectos de investigación en el marco del PRODITEL.

Adonis Giorgi es licenciado en Biología, con orientación Ecología y Doctor en Ciencias Naturales de la Universidad Nacional de La Plata. Es profesor de la Universidad Nacional de Luján (UNLu) e investigador del CONICET. Ha publicado artículos científicos relacionados con la cuenca del río Luján y con la ecología de otros arroyos de la provincia de Buenos Aires y de España. Dirige o codirige tesis doctorales y tesis de grado relacionadas con esa temática. Se desempeñó como Director de Medio Ambiente de la Municipalidad de Luján. Actualmente es coordinador de la carrera de Licenciatura en Biología de la UNLu y codirector del Programa de Ecofisiología Aplicada del Departamento de Ciencias Básicas de la misma Universidad.

Patricia Gantes es doctora en Ciencias Naturales por la Facultad de Cs. Naturales y Museo, en la Universidad Nacional de La Plata. Participa del Programa de Investigación en Ecología Acuática del Departamento de Cs. Básicas, en la Universidad Nacional de Luján (UNLu) y del Instituto de Ecología y Desarrollo Sustentable (INEDES). Sus áreas de investigación se orientan a la ecología de la vegetación acuática y a la dinámica del proceso de descomposición. Se ha desempeñado como docente en las asignaturas Ecología III y Ecología General del Departamento de Cs. Básicas de la UNLu. Ha realizado publicaciones en revistas científicas nacionales e internacionales; capítulos de libros, comunicaciones en congresos de la especialidad, y ha elaborado material docente.

Aníbal Sánchez Caro es licenciado en Biología por la Facultad de Ciencias Naturales y Museo de la Universidad Nacional de La Plata, con orientación en Zoología y en Ecología. Desde 1989 es docente de Ecología en la Universidad Nacional de Luján y se desempeña como investigador del Programa de Investigación en Ecología Acuática (PIEA) y del Instituto de Ecología y Desarrollo Sustentable (INEDES). Entre 2000 y 2007 fue Director de Medio Ambiente de la Municipalidad de Luján e integrante del Comité de Cuenca del río homónimo. Entre 2007 y 2009 ha sido asesor científico-técnico para el Comité de la Cuenca del río Salí-Dulce en el noroeste argentino.

Adrián Ángel Silva Busso es doctor en Cs. Geológicas (Orientación Hidrogeología) de la Facultad de Cs. Exactas y Naturales (FCEN) de la Universidad de Buenos Aires (UBA). Es especialista en Hidrogeología de la Facultad de Cs. Geológicas, Universidad Complutense de Madrid (España) y licenciado en Cs. Geológicas de la FCEN-UBA. Es post-doctorando en Hidrogeología y Geocriología Antártica en la Universidad Autónoma de Madrid y en el Instituto Geológico Minero de España. Es investigador en Hidrogeología del Instituto Nacional del Agua y docente del Depto. de Geología de la FCEN-UBA. En posgrado, se desempeña en varias universidades nacionales y en la Universidad Nacional de Luján. Entre sus líneas de investigación se pueden destacar: la exploración de aguas subterráneas, aplicación y desarrollo de modelos, SIGs aplicados a hidrogeología y medioambiente, geología de yacimientos hidrotermales e hidrogeología de acuíferos profundos, entre otros. Ha participado en numerosos congresos y ha publicado artículos en revistas científicas y en libros de su especialidad.

Colofón

www.ingramcontent.com/pod-product-compliance
Lightning Source LLC
Chambersburg PA
CBHW081515250726

48659CB00009B/2817